Alexander Kluge / Rainer Stollmann

Vom Auswildern der Gespenster

Alexander Kluge / Rainer Stollmann

VOM AUSWILDERN DER GESPENSTER

Kulturverlag Kadmos Berlin

INHALT

1 »Auswildern der Gespenster« 9

2 Dauer – Moment 35

3 Ferne – Nähe 45

4 Feiertage, Defätismus der Nationalsozialisten 63

5 Kunst ist Trauerarbeit 75

6 Hilfe aus der Zukunft 85

7 »Es gibt keine Kürze an sich und keine Länge an sich.« 95

8 Das »mathematische Tier« 109

9 Formfragen I: Kommentar / Hypertext 115

10 Intelligenz, Aufmerksamkeitskapitalismus 131

11 Religion, Wissenschaft, Irrtum 147

12 Bäuerlich, bürgerlich, plebejisch 155

13 Formfragen II: Neue Lexika, Hörkappe 167

14 Das Goldene Kalb der Macht 181

Nachbemerkung 201

Brauchen wir mehr Geisterwesen in Europa? Hat die Aufklärung zu viele davon umgebracht? Vielleicht ist es besser, dass die Erzählung verrückt klingt, als dass die Wirklichkeit verrückt spielt. Notwendigkeit der Groteske im Zeitalter des Wahns.

1

»AUSWILDERN DER GESPENSTER«

ERFORDERLICHKEIT DER AUSWILDERUNG VON GESPENSTERN IN EUROPA

Im 18. Jahrhundert haben die Jagdbeamten, von Fürsten oder vom Staat angestellt, zu viele Füchse und Wölfe geschossen. Schwerwiegender noch war die Dezimierung der Geister und Gespenster durch eine populistische, laienhaft durchgeführte »Aufklärung« unter Zitierung missverstandener Philosophen.

Die Seelenteile (die in jedem Alter eines Menschen sich verändern) brauchen Ernährung. Jedes Kind erlebt die animistische Phase. Dieser Phase, mit ihrer eigenen Unheimlichkeit und Heimlichkeit, folgt die Phase der Versuche, jene Gespensterwelt zu beherrschen, in der alle Gebüsche, alle Dinge ihr Eigenleben haben. Das ist die Phase der Magie. Aus beiden Phasen entstehen Geisteskräfte, ein Unterfluss, ein Tiefenwasser, in dem noch lange nach Verstummen der animistischen und magischen Seelenteile Gespenster und Geister leben. Keine Ratio, keine INTELLIGENZ DER GEFÜHLE, ohne solche elementare Versorgung. Das »Unbewiesene«, selbst das »Unheimliche« ist lebensnotwendig für das Gemüt und die Selbstvergewisserung. Für dieses Versorgungssystem arbeitet eine sich neuerdings rasch erweiternde Firma, ein Start-up aus dem Bayerischen Wald an der Grenze zu Böhmen: FREISCHÜTZLAND. Bezahlt von diesem Unternehmen und in seinem Auftrag werden Gespenster in Japan eingefangen (wo sie hinter jedem Hügel sitzen, auch in erdbebengefährdeten Hochbauten in Ritzen zwischen den Stockwerken). Auch gibt es sie in Fahrstuhlschächten von Wolkenkratzern, jeweils dort, wo die Fahrstühle gerade nicht fahren. Diese Gespenster gilt es nach Europa zu holen, behauptet das Start-up-Unternehmen, und hier auszuwildern, wenn es je ein generöses, seiner selbst bewusstes EUROPÄISCHES GEMEINWESEN geben soll.

(Alexander Kluge: Buch der Kommentare, Berlin 2021, S. 36)

Rainer Stollmann: Diese Geschichte provoziert die Aufklärung. »Märchen« ist für einen selbstgewissen Aufklärer ein Schimpfwort. Es kann etwas Angenehmes sein, wenn man seine Umgebung mit Geistern bevölkert. Einen Baum, an dem man immer wieder vorbeiradelt, zu fragen, wie es ihm heute geht, und auf Antwort hoffen.

Alexander Kluge: Sie sind ja wirklich vorhanden. Selbst im Warenfetisch findest du die ehemalige Arbeit von Menschen laut Marx als »metaphysische Mucke«. In jeder Tasse, jedem Bleistift ist ein Geist vorhanden. Die Geister sind uns nicht nur wohlgesonnen, aber es gibt doch fast keinen bloßen Naturgegenstand.

Philosophieren beginnt oft damit: Du hast ein Glas Wasser vor dir, also mit angeblich ganz einfachen Beispielen. Und daran merke ich zum Beispiel, was an unserer Innenausstattung fehlt, wo uns die Gespenster und die Dämonen schlicht fehlen, obwohl sie da sind. Ich bemerke z. B. plötzlich, das ich eine Handbewegung mache wie mein Vater. Es gibt Kontinuitäten, die in mir sind. Plötzlich rede ich wie meine Schwester. Insofern ist die Idee, dass wir Individuen sind, losgelöst, mit Distanz zu anderen existieren, nicht richtig. Wir sind mimetische Wesen.

R. S.: Den Geist des Warenfetischs habe ich mir bei Marx eher dämonisch vorgestellt, ein Teufel, der alles verkehrt. Du sprichst aber gelegentlich fast gemütlich von »Seelenlampe«.[1]

1 Siehe im *Buch der Kommentare*, S. 317: Station 11: IM FLACKERLICHT DER SEELENLAMPE: DIE INTELLIGENZ.

A. K.: Er ist eine Spur der Verführbarkeit, dass die Ware eine solche Täuschungswirkung ausüben kann, dass ich meine eigene Arbeit nicht mehr im Produkt wiedererkenne. Der Warenfetisch ist zwielichtig, er kann dich verführen, aber nur deswegen, weil du etwas, was dir ähnlich ist, dort wiederfindest. Was man Geist nennt, ist eine reale Wechselwirkung. Deshalb muss ich nicht Madame Blavatsky[2] glauben. Aber der Behauptung, Geister gibt es nicht, würde ich auch nicht trauen.

R. S.: Es gibt bei Marx das Wort »animal spirits« (Lebensgeister). Also hundert Arbeiter in einer Stunde, zusammen in einer Fabrikhalle, arbeiten mehr als ein Arbeiter in hundert Stunden. Das entspricht nicht dem, was die Planer sagen.

A. K.: Diese Differenz ist das Entscheidende. Die Summe von so etwas würde Frankfurt im Winter 1968 ausmachen. Das werden jetzt ganz riesige Wolken von Geistern. Da gibt es einmal den Weihnachtsvorbereitungs-Geist, der ergreift auch alle Manager, alle Fabrikdirektoren, alle Arbeiter, die kaufen zusammen Geschenke in der Zeil, der Frankfurter Hauptladenstraße. Das hat mit der Protestbewegung an der Universität nichts zu tun, bildet aber mit ihr die GROSSE ZUFALLSWOLKE WIRKLICHKEIT.

R. S.: In Bockenheim sitzen Luhmann, Adorno, Krahl und andere Genossen …

2 Helena Petrovna Blavatsky, deutsch-russische Okkultistin im 19. Jahrhundert, Mitgründerin der Theosophischen Gesellschaft.

A. K.: … also wiederum eine Geisterwelt, die untereinander Bezug hat. Wenn du da jetzt Polizei durchschickst, dann ist das wiederum eine Welle von Impulsen, die aber von Wiesbaden gesteuert ist. Diese Geisterwelten, das ist ein anderer Ausdruck für subjektiv / objektiv. Und im Objektiven sind Geister enthalten. Das Polizeipräsidium ist schon so gebaut, dass die Verwaltung darin gut arbeiten kann. Aber Polizeiübungen konnte man da überhaupt nicht machen. Es ist nicht mal eine Sporthalle da, um die Muskeln aufzupolieren, kein Erholungszentrum für eine Hundertschaft. Das ist eigentlich für den Einsatz ganz unpraktisch. Die Straßenflucht Bockenheimer Straße, über den Kettenhofweg hinweg, ist wieder etwas anderes, von ganz anderen Menschen erbaute Villen, die aber jetzt für die studentischen Wohngemeinschaften gut geeignet sind. Die Polizei sperrt die Bockenheimer Warte ab, und zwar absolut sicher, die Studenten rennen durch den Kettenhofweg und kommen eher am Justizpalast an als die Polizei. Das ist eine subjektive Doppelbewegung. Jetzt wird das Justizgebäude von den Studenten belagert, die aber dort weiter nichts tun können, denn einreißen können sie den Palast nicht, und die Studenten werden noch einmal von der Polizei belagert. Darum herum der Weihnachtsgeist – drei Belagerungsringe um ein Symbol. Das alles kannst du quantifizieren, statistisch erzählen, und das wäre richtig. Gleichzeitig kannst du es erzählen als drei Geisterwelten, und in der Mitte als viertes noch das Opernhaus. Da hast du einen Zugang zur Musik – und mit Musik geht alles besser. Es ist wie ein Schlupfloch in eine imaginäre Welt. Im Opernhaus hast du einen anderen Möglichkeitsraum als während der Demonstration, die auch einen hat, und im Hörsaal 6 hattest du wieder einen anderen Möglichkeitsraum.

R. S.: Das kann man komisch finden, aber es ist eigentlich gesellschaftliche Produktion von Öffentlichkeit. Das würden jedenfalls Negt und du sagen. Habermas würde das nicht Öffentlichkeit nennen, er würde sagen, das geschieht in der Öffentlichkeit, aber sie ist nur das Gefäß. Wir halten das aber doch für Öffentlichkeit, man kann sie nur nicht festhalten.

A. K.: Als Erfahrungsgehalt ist das ganz verschieden. Die Justiz kann etwas daraus lernen, die Studenten können daraus lernen, die Polizisten lernen etwas ganz anderes daraus. Das ist die poetische Betrachtungsweise, sie ist nichts anderes als eine die Wissenschaft ergänzende Betrachtungsweise, die primär von einem höheren Grad von Einfühlung ausgeht. Das bedeutet nicht Sentimentalität.

R. S.: Bei Habermas wäre es erst Öffentlichkeit, wenn es rationale Sprache wäre.

A. K.: Und wir würden sagen, die Wirklichkeit ist der Erzähler selber. Rationalität ist ja auch richtig als Ziel, aber wenn er behauptet, er sei Materialist, dann täuscht er sich. Den Erzähler Wirklichkeit erreicht er auf diese Weise praktisch gar nicht. Der erzählt viel schneller, der rechnet so wie die KI, sieben Millionen mal schneller. So wie die KI nichts versteht, aber mimetisches Sammeln von Ähnlichkeiten ein Grundrauschen hervorbringt und damit ein Möglichkeitsfeld erzeugt, dem ist auch die poetische Methode auf der Spur. Sie kann Imperfekte und Konjunktive besser erzählen.

R. S.: Die nächste Geschichte ist aus der 68er-Zeit. Studentische Genossen ziehen sich auf einen Bauernhof zurück und studieren Kant. So was hat's gegeben, auch wenn es meistens eher Marx war als Kant. Die darauf folgende Geschichte erzählt verblüffenderweise von der Scholastik. Es geht um die Frage, was wird aus den Engeln beim Jüngsten Gericht. Was haben diese beiden aufeinanderfolgenden Geschichten miteinander zu tun?

A. K.: Lass mich mal gucken. Gar nichts. Die Engel sind auf den Habermas-Kommentar, auf die Scholastik gemünzt.

R. S.: Agamben kommt da auch vor.

*

RÜCKERINNERUNG AN EINEN MOMENT VOR 53 JAHREN, IN DEM WEITE HORIZONTE OFFEN SCHIENEN

Im Dezember 1968 – nach dem wendungsreichen, revolutionsträchtigen Spätherbst an der Frankfurter Karl-Marx-Universität (inzwischen wieder in Johann Wolfgang Goethe-Universität zurückgetauft), einschließlich der Besetzung des Seminars für Soziologie in der Myliusstraße – zog sich ein kleiner Kreis der SDS-Genossen über Silvester aufs Land zurück. Sie bezogen ein Gehöft in Nordhessen und studierten dort in Wohngemeinschaft unter Anleitung von Hans-Jürgen Krahl die drei gewaltigen Kritiken von Immanuel Kant. Die Genossen suchten nach so viel Rede und Gegenrede, Aktivität, auch Faustkämpfen mit Polizeikräften, die sich mit Schilden schützten, also Adrenalin-Schwemmen, soliden Boden unter den »geistigen Füßen«. Die Zeit eilte voran.

ENDEN DIE ÄMTER DER ENGEL MIT ABSCHLUSS DES JÜNGSTEN GERICHTS ODER ENDEN NUR DIE ÄMTER EINIGER HÖHERER ENGEL?

Im Verhältnis der Engel untereinander gibt es den Unterschied zwischen ihrer Natur und der Gnade, in der sie in Beziehung zu Gott stehen. Gesetzt den Fall, es erweist sich im Moment des Jüngsten Gerichts, dass alle bisherige Arbeit der »Boten«, also der beamteten Engel, mit dem Urteil des Jüngsten Gerichts überflüssig würde, wären dann die Engel vernichtet? Wären sie dann, so fragt der Scholastiker im 12. Jahrhundert, der sich Anonymus nennt und vermutlich aus Oxford nach Paris zugereist ist, verschwunden? Oder wären sie im Untergrund tätig? Wären sie in eine besondere Seligkeit versetzt? Auf einem Alterssitz? Oder was Anderes wäre mit ihnen geschehen? Thomas von Aquin antwortet auf diese Fragestellung: Dies alles wird nicht geschehen, und die Engel werden auch im Ereignis des Jüngsten Gerichts nicht vernichtet werden. Die Ausübung ihrer Ämter wird dagegen ein Ende finden.

In Begleitkommentaren zu dieser Auseinandersetzung findet man den Hinweis darauf, dass die Engel im Moment des Jüngsten Gerichts dafür zuständig sein werden, die Toten und die Lebenden vor dem Gericht vollständig zu versammeln. Einige der hinfälligsten Kreaturen tragen sie auf ihrem Rücken. Mit solcher Last beladen, können sie ihre Flügel nicht gebrauchen. Sie trotten also wie Lastesel dahin. Zuverlässig aber, »wie durch Zauber«, gewährleisten sie die VOLLSTÄNDIGKEIT DER VERSAMMLUNG ALLER TOTEN UND LEBENDEN.

Jüngst hat Giorgio Agamben diese Fragen neu aufgeworfen. Er neigt zu einem lateinisch-skeptischen Ton. Fast könnte einer denken, dass er eher an die Wiederauferstehung maritimer Seegötter glaubt, mittelmeerischer Zauberwesen. Die Überlieferungen über Engel aber kommen aus dem Orient und vom Nil.

(Alexander Kluge: Buch der Kommentare, S. 21f.)

A. K.: Ein Kapitel hat ein Zentrum, das nicht mitgeteilt wird. Von diesem Zentrum sind alle Texte gleich weit entfernt. Es ist ein weiter Horizont, wenn nach einem Kampfmonat wie diesem Dezember '68 das Bedürfnis nach Theorie sich Geltung verschafft. Da gibt's einen ganzen Film drüber, »Yesterday« - hast du den mal gesehen?

R. S.: Ich glaube nicht.

A. K.: Das Soziologische Seminar in der Myliusstraße wird besetzt, das ist eminent kampfreich. Danach ziehen die Rebellen sich zurück und lesen die drei Kritiken. Krahl ist der Anführer. Es öffnen sich Horizonte. Jetzt liegt für mich die Assoziation nahe, eine ganz andere Zeit zu nehmen, in der gefragt wird, was Engel können.

R. S.: Die Achtundsechziger benehmen sich plötzlich wie die Scholastiker?

A. K.: Das ging mir durch den Kopf. So weit, wie Kant von der täglichen Praxis, von der Alltagspraxis, von dem Kampf in Vietnam entfernt ist, so entlegen, wie die Fragen sind, was kann ich wissen, was kann ich hoffen, was soll ich tun, so weit ist in der Scholastik die Frage nach den Engeln und ihren Fähigkeiten entfernt vom damaligen Alltag.

Aber logisch ist das nicht, das ist eine Gefühlssache. Die Studenten besetzen das Soziologische Seminar als Faustpfand und wollen damit zum Beispiel erzwingen, dass Prüfungen nicht mehr die Voraussetzung für Examen sind. Habermas antwortet ihnen, das wird doch die Kultusverwaltung nicht genehmigen. Dann steht das im Raum und die gehen Kant lesen. So ähnlich empfinde ich die Diskrepanz zwischen einem mittelalterlichen konkreten Leben und der Frage, wie kann man auf weißem Schnee Füße von Engeln unterscheiden? Das ist eine scholastische Frage. Oder was können Engel zum Zeitpunkt des Jüngsten Gerichts? Sind sie dann entmündigt? Werden sie entlassen? Sie sind ja nicht mehr nötig. Oder werden sie noch für das Hereinführen der Toten gebraucht? Damit befassen sich die Scholastiker. Ich mache mich aber über beide nicht lustig.

R. S.: Rabelais würde das tun, Eulenspiegel auch.

A. K.: Wenn die Studenten sich in Oberhessen hinsetzen und Kant studieren, dann erinnert mich das an Hieronymus im Gehäuse. Es ist eine bestimmte geistige Verlässlichkeit, die sie suchen, sie geben sich Mühe mit einem ganz harten Knochen, den drei Kritiken des Immanuel Kant. Das ähnelt Ockham oder einem soliden Scholastiker, der sich mit der Frage, was können die Engel, beschäftigt: *illuminare* – erleuchten, *perficere* – helfen, retten, *purgare* – läutern. Wenn man etwas Fremdes gegeneinanderstellt, dann ergibt sich erst eigentlich der Suchbegriff. Zwischen einer Fragestellung, die in der Protestbewegung einleuchtend ist, und einer ganz anderen Fragestellung, da öffnet sich ein Vakuum, und das ist die Information.

R. S.: Leerstellen sind informativ?

A. K.: Nimm mal an, es würden sich Ernst Jünger, Carl Schmitt und Martin Heidegger treffen im Jahr 1929 und Fragen stellen. Umgekehrt würden sich Brecht, Benjamin und Korsch im Jahre 1934 auf Fragen einigen und sich verabreden, sie gemeinsam bearbeiten. Die Differenz dazwischen ergibt den Horizont.

Oder die drei oder sieben Fragen der Protestbewegung zu Silvester '68 in Frankfurt und in Bremen und Köln, die wären ziemlich verschieden. Oder wie würde ein Mann aus Luckenwalde, das wäre Dutschke, der in so ein Seminar in Oberhessen einbricht, sprechen. Der würde sagen, ihr seid verrückt.

R. S.: Es geht um die Öffnung von Räumen? Was innerhalb der Protestbewegung diskutiert wird, das ist an den verschiedenen Orten ähnlich im Jargon, aber gleichzeitig nicht aufeinander bezogen. Auf den Zusammenkünften verschiedener Gruppen kann man Referate hören über die Bundeswehrkampagne, dann die Justizkampagne und die Vietnamkampagne, dann noch die Notstandsgesetze. Sehr verschiedene Sachen – klingt aber alles gleich. Nach einer gewissen Zeit breitet sich Dumpfheit in den Köpfen aus.

A. K.: Auf die Idee, dass alle vier Kämpfe gleichzeitig eine Überforderung sind, darauf käme man noch. Das hätte aber zur Folge, dass zum Beispiel die Gefängniskampagne den Frauen anvertraut wird. Die Notstandskampagne, die mit Rebellion und Straßenkampf verbunden ist, das machen die Männer.

R. S.: Aber eine Instanz, die das regelt, gibt's eigentlich nicht. Es geschieht auch nicht absichtlich, dass zum Schluss bei der Gefängniskampagne nur Frauen sind. Da kann auch ein Mann noch dabei sein.

A. K.: Aber ich kriege da kaum einen Suchbegriff zustande. In dem Moment, in dem ich zum Beispiel Carl Schmitt zu Hilfe nehme, öffnen sich Unverständnisse und sehr scharfe Gegensätze, und zweitens auch offene Fragen, drittens Antworten, die weder von den einen noch von den anderen gefragt werden. Diese Art der Konstruktion setzt voraus, dass ein Kapitel ein Zentrum hat, und wenn ich diszipliniert bin, halte ich das auch ein. An der Peripherie dieser Kugelgestalt wirkt sich die Schwerkraft, die im Zentrum steckt, aus, und sortiert an der Oberfläche ganz Verschiedenes. Sterne kann ich am Nachthorizont sehen und gleichzeitig Wünsche hoch senden.

R. S.: Was die klassische Linke lediglich als Feindbild betrachtet, das nimmst du auf eine ganz andere Art und Weise ernst. Enzensberger sagt in einem Gespräch, als du Heidegger ins Spiel bringst, den er persönlich kennengelernt hat, unwirsch, Heidegger sei einfach unglaublich autoritär gewesen, mit dem konnte man überhaupt nicht reden usw. Damit ist der Fall für ihn erledigt. Adorno hat immerhin ein Buch über ihn, d. h. gegen ihn, geschrieben.

A. K.: Ich würde versuchen dem nachzugehen. Hier in dem Buch kommt Heidegger vor, im scholastischen Disput, der letzte Scholastiker, seine Dissertation geht über Duns Scotus, den Nominalisten. Dabei habe ich zum ersten Mal wirklich Ernst Cassirer verstanden. Das ist ein norddeutscher Kantianer, der die Göttinger Mathematik stark befruchtet hat. Ernst Cassirer kritisiert die Begriffsbildung, auch die von Kant. Die Philosophen mögen diszipliniert sein, aber sie nehmen zunächst in der Realität Ähnlichkeiten wahr, summieren die, und schneiden dann alle Besonderheiten und die Einzelheiten, auch das Zufällige weg – so entsteht ein Begriff. Er entsteht auf Kosten der Besonderheiten und der Einzelheiten. Aber alles, was lebendig ist, ist zunächst eine Einzelheit. Insofern ist diese Begriffsbildung sachfremd, sie beruht auf einer Behauptung und sie ist auch eigentlich nicht menschenfreundlich. Wenn wir einmal die Scheu abstreifen, als Platoniker verdächtigt zu werden, machen wir in Wahrheit etwas ganz anderes, wir bauen eine Wirklichkeit des Gedankens, eine spirituelle, neben der Wirklichkeit. Die macht keine Anleihen an der Wirklichkeit. Wie gesagt, eine Zahl finde ich in der Wirklichkeit nicht, sondern ich finde einen Baum, ein Blatt, sechzehn Kühe.

R. S.: Es gibt eine komische Stelle bei Gottfried Benn in den *Rönne-Novellen,* die diese Problematik beschreibt. Rönne sieht eine Kuh auf dem Feld und empfindet ein »namenloses Glück«. Da steht sie »mit vier Beinen, mit eins, zwei, drei, vier Beinen, das lässt sich gar nicht leugnen; sie steht mit vier Beinen auf einer Wiese aus Gras und sieht drei Schafe an, eins, zwei, drei Schafe – die Zahl, wie liebe ich die Zahlen, sie sind so hart, sie sind rundherum gleich unantastbar [...]; wenn ich noch jemals traurig bin, will ich immer Zahlen vor mich hersagen: er lachte froh und ging.«[3] Man lacht aber über unlösbare Widersprüche.

3 Gottfried Benn: *Gesammelte Werke in acht Bänden*, hg. von Dieter Wellershoff, Wiesbaden 1968, Bd. 5, S. 1194.

A. K.: Das sind zwei getrennte Wirklichkeiten. Das Abstrakte bleibt abstrakt, ist rein nominalistisch, *nomina*, weil nicht *realia*. Diese Systeme, die in der Mathematik am deutlichsten vorhanden sind und nur der inhärenten Logik ihr Gesetz verdanken, die werden so lange erprobt und getestet an wirklichen Verhältnissen, bis sozusagen sich ein Beziehungssystem ergibt zwischen den spirituellen Regeln, also zum Beispiel auch der nichtmathematischen Sprache unserer Wörter, und den Dingen.

Dieses autonome Denken geht in der Mathematik über Sprache noch siebzig Mal hinaus. Die Mathematik entwickelt eine weit größere Präzision. Das Kleinste, das wir kennen, die Quantenwelt, besteht nicht aus Buchstaben und auch nicht aus Zahlen, nicht einmal aus Formeln. Gleichzeitig können die Formeln so angewendet werden, dass man sich der Quantenwelt annähern kann. Die Göttinger Schule, die funktionalistische Mathematik, beschreibt überhaupt keine Endpunkte, sondern Wege zu Punkten.

R. S.: … weil die Beobachtung ein Eingriff, d. h. ein Weg in die Quantenwelt ist.

A. K.: Plötzlich kann √-1 eine imaginäre Zahl bilden und die besteht aus mindestens drei verschiedenen Wegen. Eine Wendeltreppe zum Beispiel ist ganz schwer zu beschreiben, weil du deinen Ort mit Hilfe der Wendeltreppe tatsächlich verändern kannst, eine Spirale hinauf wanderst, du bist oben am Ende nicht mehr an derselben Stelle wie unten. Mathematisch hat sich aber ganz wenig verändert …

R. S.: … du bist oben am selben Punkt wie unten, nur höher.

A. K.: Ja, bist du am selben Punkt. Cassirer beharrt auf mathematischer Genauigkeit, Heidegger spricht von Sorge, Tod und Sein. Dieses Duell eines Fundamentalisten und eines Präzisionsdenkers, das ist schon sehr interessant.

R. S.: Mir fallen zwei Namen ein: Hegel war der Ansicht, Mathematik sei keine Wissenschaft. Er hält das »Werden«, die Entwicklung, die Geschichte für die Basis des Denkens. Zahlen haben keine Geschichte, Mathematik ist unhistorisch, darin geht es um immer und überall gültige Gesetze.

Der zweite Name ist Wolf Singer, nach dessen Vorstellung unser Gehirn ohne Außenkontakt vor sich hin mutiert, bis irgendwann belastbare Beziehungen zur realen Welt sich ergeben. So ähnlich beschreibst du die Mathematik, gewissermaßen als Avantgarde unseres geistigen Prozesses.

A. K.: Du kannst ganz sicher sein, dass dieser Punkt bei Singer bewiesen ist. Man kann nicht sagen, nach kritischer Theorie übersieht er etwas. Denn so wenig wie eine Seelenlampe nachweisbar ist, so wenig könntest du ein spirituelles Zentrum, ein moralisches Zentrum zum Beispiel, mit seiner Methode wahrnehmen.

R. S.: Ja. Aber Habermas, Nida-Rümelin und andere glauben ihm nicht.

A. K.: Ja. Habermas würde das bekriegen. Was Hegel betrifft, so ist mit der Quantenmechanik, scheint mir, die Geschichte in die Mathematik eingezogen. Ich kann das hier nur ungefähr beschreiben. Das Objekt hat gewissermaßen drei Eingänge. Die imaginären Zahlen entscheiden, durch welchen gegangen wird. Diese Entscheidungen sind nicht statistisch fassbar, sondern sind willkürlich. Die Göttinger Mathematik, die funktionalistische Mathematik – das ist etwas anderes als die Algorithmiker – kann mit dieser Frage besser umgehen als jeder andere Denker. Wir denken in sprachlichen Formen, und bilden dabei auch stets Seinssätze oder Werdenssätze in der Grammatik. Wenn ich einen Satz in Futur bilde, kann ich die Illusion haben, da stecke eine Bewegung darin. Ich kann das ausdrücken, aber mit der realen Zukunft hat das nichts zu tun.

R. S.: Denken, Beobachten und Sein sind gewissermaßen drei parallele Stufen. Ich wachse als Kind, die Mutter beobachtet es, und das Wachsen gehorcht Gesetzen, das sind ja drei verschiedene Dinge, die haben auch drei verschiedene Zeiten. Während der Evolution hat sich eine Mechanik im Kopf etabliert, was so wie Gezwitscher klingt und mit der Realität draußen gar nichts zu tun hat, aber sie hat sich so angepasst, dass man Voraussagen zwischen Wand und Stirn, die sich an der Wand nicht einrammen soll, herstellen kann. Die haben durchaus Realitätscharakter, Realitätswert, aber sie werden nicht-realistisch, zum Beispiel durch Mimesis, hergestellt. Die Synapsen ahmen nichts nach, das draußen wirklich ist. Was Mimesis genannt wird in der Kritischen Theorie, wäre schon eine Verarbeitungsform, die weit über der Tätigkeit von Elektrizität und Chemie in den Synapsen Zusammenhänge bildet, quasi wie eine Art Hypertext zu den natürlichen Tätigkeiten dieser Billionen Synapsen und Verschaltungen und Reaktionen sich verhält.

A. K.: Emmy Noether, eine der ganz großen Mathematikerinnen, die bewundernswert gedanklich klar sich ausdrückt, spricht z. B. von »abstrakter Anschauung«. Normalerweise referieren die Sinne ja Konkretionen, eine konkrete Anschauung. Noether sagt, man kann aber, wenn man morgens aufwacht, wie Leibniz das schon beschreibt, plötzlich einen Zusammenhang erkennen, den man nie gesehen hat. Dann hätte gewissermaßen der »Hypertext Mimesis« das richtige »Stichwort« in den Synapsen gefunden.

R. S.: Abstrakte Anschauung ist nicht einfach ein Dreieck oder ein platonischer Körper, den ich mir vorstelle …

A. K.: Nein. Ein Dreieck kann ich auf dem Papier zeichnen, indem ich drei Punkte verbinde. Das ist noch relativ anschaulich. Ich weiß nicht, wie sie ein Dreieck nennen würde.

Mein Interesse daran ist durch diese zeitliche Erstreckung der Philosophiegeschichte bei Habermas hervorgerufen worden. Heidegger, im Skianzug, argumentiert mit kompakten Allgemeinbegriffen, quasi mit scholastischen Bündeln. Ich kann mir unter »Sorge zum Tode« etwas vorstellen. Aber es ist eine sehr eigenartige Mischung aus Psychologie, Anschauung, Phänomenologie, Worten, allem Möglichen, im Grunde ein dichterisches Erzeugnis. Und das wäre ja beim »Sein« auch der Fall, da kommt noch ein definitorischer Input hinzu. Also Sein, Möglichkeit, Nicht-Sein usw., wenn da ein Wortfeld von achtzig Stücken herrscht, dann kannst du im Grunde sagen oder vermuten, was Sein ist. Das macht Cassirer gar nicht. Aber er begnügt sich auch nicht mit bloßer Logik, sondern er geht vom Verfahren aus, er schlägt diese mathematischen Verfahren vor. Ich bin überzeugt, dass Heidegger dazu nichts empfindet, die haben sich kaum verstanden.

R. S.: Am Ende haben die geladenen Schüler nach scholastischer Methode Theatervorführungen gemacht, das war schon im 12. Jahrhundert üblich, Harlekinaden des Gedankens. Schon damals brauchten die Beteiligten nach längerem disziplinierten Gezerre an den Gedanken eine Entspannung und das war entweder eine Prügelei mit der Polizei oder aber eine solche Harlekinade, bei der sie meist die Professoren nachahmen. Mich hat Heideggers Wortakrobatik bei der ersten Lektüre zum Lachen gereizt, er nimmt sie aber ernst. Bei Derrida ist davon auch noch etwas vorhanden. Also wenn da, salopp gesprochen, 300 Professoren die »différance« anbeten – so was geht bei Robert Gernhardt als Witz durch: »Es gibt kein richtiges Leben im valschen.«

A. K.: Ja. Wenn Heidegger zum Beispiel längere Zeit über die Aufbewahrung von Gedanken in Schränken redet und dann überraschend sagt, dieses Denken ist beschränkt, dann spielt er mit Worten.

R. S.: Eben, das ist Heinz Erhardt.

A. K.: Die Sprache hat keine Exaktheitsgrade, die der Mathematik entsprechen. Und auch das Verfahren ist nirgends zwingend. Er gebraucht die Sprache so, als könnte man mit ihr manövrieren wie mit den gedanklichen Zeichen. Nur müssen wir das für unsere Art von Überlegung gar nicht entscheiden, es würde reichen, es zu zeigen. Du warst ja von der Frage ausgegangen, gibt es Erfahrungswellen, also gibt es Sorten von Erfahrung, die über neunzig Jahre Menschen regieren und sich auswirken oder sind wir sozusagen nach sechzig Jahren schon vergesslich.

R. S.: Es gibt gewiss Erfahrungen, die über Äonen in uns wie Maulwürfe in der Erde wirksam sind, auch wenn wir sie nicht willentlich und absichtlich abrufen können. Warum lachen wir z. B. über Fallende? Natürlich kann man einer Fall-Szene wie der von Charlie Chaplin und seinem riesigen Rivalen auf dem Eis in vielfacher Weise komische soziale Bedeutung verleihen, David gegen Goliath, arm gegen reich. Aber was den Kern betrifft, so lacht der Vierbeiner in uns über den Zweibeiner, der sich mit der Bipedie eben auch das Risiko des Hinfallens eingehandelt hat, das der Vierbeiner nicht kennt. Wenn man bedenkt, dass wir jede Nacht für längere Zeit in die Horizontale, also die Dimension der Vierbeinigkeit zurückkehren, dass wir als Kinder den aufrechten Gang mühsam erlernen, sieht man doch, dass wir mehr Bezug zur Quadrupedie haben, als uns bewusst ist.

A. K.: Dem einmal geborenen, erzogenen und dann sterbenden Ich sind phylogenetische Erfahrungen nicht verfügbar, aber sie sind wirksam. Anders gefragt, und das ist jetzt die Leistung von Habermas' neuem Buch, gibt es eine longue durée über viertausend Jahre, die dem Denken inhärent ist? Beim Körper können wir sagen, dass bestimmte elementare Funktionen, die wir durch Evolution erworben haben, deutlich älter sind als 4000 Jahre und nicht immer neu erzeugt werden.

R. S.: Ja, aber das Sonderbare ist doch die unmittelbare Reaktion, die bei Katastrophen Verdrängung oder Tilgung ist. Erst die kommenden Generationen reagieren wieder. Bloß, woher haben die's?

A. K.: Ja, wie wird's übertragen. Einmal über Bücher, die ursprünglichen Erfahrungen werden aus den Büchern wieder herausgelesen. Eigentlich machst du das doch mit dem Eulenspiegel. Gibt es auch noch etwas anderes, sind die Art der Gebäude Erinnerungsträger?

R. S.: Ich spiele als Kind in Trümmern, nebenan stehen die neugebauten Wohnungen der frühen Bundesrepublik, in einer davon wohnen meine Eltern. Rundherum Trümmergrundstücke, das sind schöne Spielplätze. Als Kind kommst du nicht auf die Idee zu fragen, woher die stammen. Die Eltern ermahnen dich, da vorsichtig zu sein, weil sie fürchten, da könnten noch Blindgänger liegen. Damit bekommen diese Orte noch etwas Geheimnisvolles, Gefährliches. Dreißig, vierzig Jahre später, wenn ich z. B. bei dir lese, dass dein Elternhaus zerdeppert wurde oder bei Dieter Forte lese, wie sich in den Trümmern Kölns 1945 das Leben abspielt[4], dann fällt mir meine völlige Unbekümmertheit als etwas später Geborener auf. Da kommen also Buch und eigene Erinnerungen zusammen.

Mondlicht mit Schnee

Trümmergrundstücke belagerten den sechsstöckigen schnell hoch gezogenen Wohnblock. Von den kleinen Schutthügeln, inzwischen überwachsen, rodeln Kinder, noch nicht eingeschult. Schon hatte sich die Dämmerung in Nacht verwandelt. Wie viele Fahrten würden noch möglich sein, bevor eine der Mütter ein Fenster öffnete und ihr Kind heraufrief aus dieser

4 Dieter Forte: *In der Erinnerung*, Frankfurt a. M. 1998.

unwirklichen Stille und dem märchenhaften Mondschein, der die Schatten der fünf kleinen Gefährten auf den Spiegel des glatten, weißen Bodens zeichnete. Was dann alle Kinder zum Anlass nehmen würden, das Spiel zu beenden und sich aus diesem langen, kalten, glücklichen Januartag des Jahres 1952 zu verabschieden und in die Stuben hinaufzugehen.

(R. S.)

A. K.: Nimm mal ein Ereignis wie die Französische Revolution, die besteht aus zwei Seiten, den Zuschauern in Preußen, Österreich, England, die entweder mit etwas anderem, der Industriellen Revolution, beschäftigt sind oder einfach abwarten. Ganz anders die französischen Sansculotten, Kämpfer, die spalten sich wieder auf in diejenigen, die guillotiniert werden und die in den Gerichten sitzen. Dann gibt es noch diejenigen, die gar nicht erst hingehen zu den Gerichtssitzungen, aber im Quartier St. Antoine Nachwuchs bekommen oder arbeiten und die den überwiegenden Teil der Gesellschaft bilden. Wenn du das alles berücksichtigst, dann könnte es sein, dass die Transformation dieser verschiedenen Erfahrungen 1830 zu Louis Philippe und einer weiteren bürgerlichen Revolution führt. Oder '70/ '71 zum Aufstand der Commune führen oder etwas ganz anderes ergeben, zum Beispiel das Beharrungsvermögen in den Schützengräben ab 1916, 1917 mit beeinflusst haben auf französischer Seite. Oder Erfindungen ermöglicht, eine bestimmte Technologie, wie es sie in Frankreich gibt und wie sie dem Produktionskapitalismus entsprechen und nicht dem Handelskapitalismus.

Das ist jetzt willkürlich gewählt, aber das sind Kontinuitäten, die man doch suchen könnte.

R. S.: Dagegen sind die Feiern am 14. Juli so gut wie beziehungslos zu 1789, wenn da Düsenjäger am Himmel blau-weiß-rote Farbe verspritzen, die Präsidenten freundlich grüßen oder Hände schütteln.

A. K.: Wenn du jetzt aber die einzelnen Eigenschaften nimmst, also die Abneigung in einer Dekadenwoche zu leben, fast körperlich wehrt sich der Mensch dagegen, von der Sieben-Tage-Woche abzuweichen, dann hättest du eine Erfahrung, die an der Basis gemacht wurde. Ein ganz rationaler Revolutionär könnte doch auf die Idee kommen, im neuen Revolutionskalender werden alle Feiertage auf einen Monat zusammengelegt, dann kannst du noch Paraden machen – und die übrige Zeit ist alles Arbeitszeit. Wäre doch vernünftig.

R. S.: Marx beschreibt solche Metamorphosen der Erfahrung. Die Bauern werden befreit in der Französischen Revolution, das heißt losgelöst aus der Abhängigkeit vom Grafen, aber auch aus ihren Dorfgemeinschaften. Sie werden in einzelne Häuser gesetzt und haben zu wenig Acker und Verkehrsverhältnisse, um zu leben und zu viel davon, um richtig unterzugehen. Jetzt werden sie Patrioten eines imaginären Vaterlandes und marschieren für Napoleon. Diese Energien, die ja bis Waterloo funktionieren, werden abgebrochen durch die Reaktion, den Wiener Kongress. Aber siebzig Jahre später wachsen sie Napoleon III. zu.

A. K.: Da hast du ja zwei Generationen. Möglicherweise haben französische Bauern nie diese von der Hauptstadt gewissermaßen bestrafte Emanzipation verziehen. Wenigstens fragen kann man das ja. Man kann die Kontinuität nicht stützen auf das Ergebnis der Geschichte, sondern auf die Elemente, aus denen diese Ergebnisse zustande kommen. Diese Elemente vergehen nicht dadurch, dass etwas Ergebnis wurde. Wenn du das jetzt auf den Nationalsozialismus anwenden würdest, dann müsstest du noch einmal alle einzelnen Strähnen, elementaren Flüsse rekonstruieren. Bildungswesen, Reformbauweise von Autobahn bis serienweise Häuser in den Vorstädten, bis Prora auf Rügen, die Art Ferien zu machen, die Schlager, »Für eine Nacht voller Seligkeit da geb' ich alles hin« – das würde ja jedes seine eigene Geschichte haben. Würdest du diesen Geschichten nachgehen, würdest du sie wiederkennen können zu einem späteren Zeitpunkt, falls sie sich entwickeln. Ich will hier keine Behauptung aufstellen, also bei den Schlagern bin ich mir zum Beispiel nicht sicher, dass die Kontinuität haben, nur werden die ja auch nicht von konkreten einzelnen Menschen gemacht, sondern von Firmen.

R. S.: Die Jugendbewegung, die auch eine Teileigenschaft ist und jemanden wie Adolf Reichwein, der im Widerstand tätig ist, genauso betrifft wie Walter Benjamin, der beim Roten Marsch dabei ist, aber auch eben sehr viele spätere hohe Nazis. Die Jugendbewegung lässt sich in gewissen Fortsetzungen und Verzerrungen im Dritten Reich wiedererkennen. Meine Mutter sang noch Lieder aus der Jugendbewegung, die mir, als ich kritischer Student wurde, verdächtig vorkamen.

A. K.: Die Frage der Wiederholung in Wellen müsste man von der Einzelheit her und nicht vom Zusammenbau, im Ergebnis beurteilen. Ich bin ziemlich sicher, dass du einen sehr starken Willen zur Nichtwiederholung von 1918 oder 1916 feststellen würdest, das heißt, einen Friedenswillen, der relativ stark und beharrlich ist, und der ja das Gegenteil von dem ist, was dann tatsächlich geschieht ab 1939.

R. S.: Obwohl die Nazis den auch aufgenommen haben. Ich erinnere mich an eine Schlagzeile aus dem »Völkischen Beobachter« 1938, nach dem Appeasement. »Der Führer blickt auf ein friedliches Europa.« Ein knappes Jahr vor Kriegsausbruch.

A. K.: Als kindlicher Beobachter aus diesen Jahren – aber immerhin, ich konnte schon ganz gut gucken und zuhören –, irgendeine Kriegsbegeisterung im August 1939 existiert nicht, sondern das Gefühl einer tiefen Bedrohung, eines tiefen Nichtwillens. Und im Juni 1940, das kannst du gar nicht beschreiben, wie lebhaft die Lust war, jetzt kommen alle Soldaten nach Hause aus Frankreich und die Sache ist zu Ende. Man kann behaupten, dass für drei Wochen lang unbestimmt ist, wie es weitergeht. Alle sind überrascht über den Erfolg, es gibt eigentlich keinen objektiven Grund weiterzumachen. Das Gefühl, wir stellen jetzt alles auf Friedensproduktion um, ist überwältigend und allgemein. Du kannst es sehen in dem Film »Wunschkonzert«, in der ersten Szene, wie zwei sich kennen lernen dadurch, dass sie eine Freikarte für die Olympiade 1936 kriegen. Der Film ist 1940 gemacht, der ist genau im Juni konzipiert und kommt im Oktober in die Kinos und gibt diese Zeit wieder auf dem Wannsee, das Liebespaar ist Carl Raddatz und Ilse Werner, wie sie so auf dem Wannsee gewissermaßen liebestrunken hin und her paddeln. Dann werden sie noch mal getrennt, er kämpft in der Legion Condor, kommen aber doch wieder zusammen. Das sind diese Phantasien. Die Nationalsozialisten waren sehr befähigt, Phantasievorstellungen aufzugreifen, sie waren die besseren Psychologen.

R. S.: Das ist ja bei Trump ähnlich.

A. K.: Ja, wirklich, ja.

R. S.: Wenn der aus Afghanistan einen Rückzug macht und Biden traut sich nicht den anzuhalten, dann …

A. K.: Ja. Da kannst du sagen, dass der Narr was Richtiges findet. Man muss die Frage, wann sich etwas wiederholt und tradiert und auf welchem Wege das geschieht über mehrere Generationen hinweg, von den Einzelbewegungen, den Elementen her sehen und nicht von der zusammengebauten Geschichte, vom Ergebnis her. Dann kann man die Produktion davon nicht verstehen.

R. S.: Das ist das, was Ihr früher proletarische Erfahrung nanntet?

A. K.: Das wäre das. Korschs Erklärung des Blitzkriegs kennst du ja.

R. S.: Ja, das ist sehr faszinierend, muss ich sagen. Lernen unter dem Verhängnis.

A. K.: Die Fragestellung ist, wie kann man diese proletarische Erfahrung oder die Kenntnis der elementaren Bewegungen in einer Gesellschaft und deren Kontinuitäten nach Genauigkeit im Moment und nach Fähigkeit zur Dauer, zur Wiederkehr, wie kann man da noch mehr entdecken?

R. S.: Die Frage ist eigentlich, wie historische Erfahrung über die Generationen weitergegeben wird.

A. K.: Ja. Und ich bin absolut sicher, dass sie weitergegeben wird.

R. S.: Ja und zwar auch in Lebensverhältnissen, nicht nur über Bücher.

*

2

DAUER – MOMENT

VIELLEICHT HAT EIN TEIL DER SINNESWAHRNEHMUNG IHREN SITZ GAR NICHT IM KOPF DER JUNGEN FRAU, SONDERN ZWISCHEN IHR UND DEN KINDERN, DIE LÄNGST AN EINEM FREMDEN ORT SITZEN UND LERNEN

Im Badezimmer war der Boden nass. Die Füße auf der nassen Fläche, das Zeichen der Kinder, die eben noch in dieser Nässe patschten. Fußabdrücke, schon verschwommen. Die Mutter, berührt von diesen Spuren der Anwesenheit ihrer Lieben (inzwischen sollten sie schon im Klassenraum angelangt sein), wischte diese »Dokumente von Lebendigkeit« (mit Bedauern, aber der Ordentlichkeit hingegeben) mit Lappen und Schrubber, bis der Boden wieder trocken war. Noch eine Zeit lang bewahrte sie die Tapp-Spuren der Füße auf nassen Fliesen in ihrem Sinn. Dann verblasste auch diese Spur. Sie hätte den Vorfall Dritten nicht mitteilen können. Wie beschreibt man Patschfüße? Man muss die »Lust an der Nässe unter den Füßen von Kindern« mit in die Worte des Berichts kleiden. Worte sind oft arm, wenn sie die menschlichen Sinneseindrücke direkt wiedergeben sollen. Worte tun sich schwer in der Kombination von exaktem Nerveneindruck (Moment) und Empathie, die ihren Sitz nicht in den Nerven, sondern in der Vorgeschichte und in innerer Verbundenheit hat (Dauer). Erst beides zusammen enthält »moderne Sinnlichkeit«.

(Alexander Kluge: Buch der Kommentare, S. 7)

*

Rainer Stollmann: Du sprichst hier von »moderner Sinnlichkeit«. Diese berührende Erfahrung, die du schilderst, dürfte aber schon eine Affenmutter vor Millionen Jahren in ähnlicher Weise gemacht haben. Was ist daran modern?

Alexander Kluge: Eine Affenmutter, von der ich sicher bin, dass sie so etwas wahrnimmt, behält es nicht im Gedächtnis. Alle Biologen sagen, dass bei Tieren die Sinnlichkeit auf das Aktuelle beschränkt ist. Bei verschiedenen Tieren habe ich es auch selber beobachten können. Wenn ein nächster, wichtiger Reiz kommt, werden die Erinnerungen vorläufig gelöscht. Memorieren und Nachdenken, Möglichkeiten, auch die Zukunft einzubeziehen, gleichzeitig hinter der Zeit und vor der Zeit zu sein, und das zur Gegenwart hinzuzurechnen, das macht unser Menschengehirn pausenlos. Dieses Schweifende der Einbildungskraft als eines Vorsichtsorgans, also Vorsicht, Erinnerungsfähigkeit, Sortierung und Speicherung der Erfahrung, das ist spezifisch menschlich.

R. S.: Wie in einem großen Koffer trägt man alle möglichen Erfahrungen mit sich. Nur in Gefahr, wenn ein Schuss fällt oder so etwas, dann würde unser Hirn auf pure Wachsamkeit umschalten?

A. K.: Und umgekehrt, wenn Pause ist oder einer auf Wache steht, dann bildet er zum Beispiel das Zuhause ab. Alle Weihnachtszeit kann er abbilden, wenn er an der Karelienfront sitzt. Die Überwindung von Abständen und Räumen und von Zeiten ist, glaube ich, nicht die Art des Memorierens bei Tieren.

R. S.: Also »modern« im Sinne der Anthropologie, »moderner Mensch: homo sapiens sapiens«?

A. K.: … zunächst ja, so »modern« bin ich aber im Jahr 1932 und als Vierjähriger auch schon. Ich würde unter »modern« auch verstehen, erstens, das ist mein erwachsener Blick, von Lebenserfahrung geprägt, ich hätte als Vierjähriger bestimmt nicht darauf geachtet, wie meine Mutter kindliche Spuren wahrnimmt. Dass sie mir mit ihren Blicken folgt, hätte ich nicht beobachten können. Das ist also ein Unterschied in der Lebensgeschichte. Sodann ist aber diese Lebensgeschichte gekoppelt an eine konkrete Zeitaufmerksamkeit. Zum Beispiel ein Stück Knete, bestimmte Schrauben aus den 30er-Jahren, die wir getauscht haben untereinander, Briefmarken des Dritten Reichs. Was wäre noch spezifisch zeitgebunden? Vielleicht das Wort »Imi«, ein Waschmittel, das uns heute eher fern ist. Es gibt da diese Summe der sinnlichen Wahrnehmungen, die einem auffallen, die man sich merkt, die ändert sich alle zehn, zwölf, vierzehn, zwanzig Jahre stark bis in die Sprache hinein. Ich kann zum Beispiel das Wort »enorm« heute gar nicht mehr sagen. Es ist aber in den 30er-Jahren populär.

R. S.: Wenn ich mich dabei ertappe, dass ich öfters »prima« sage, fühle ich mich auch ein bisschen aus der Zeit gefallen, das sagt heute kaum noch einer.

A. K.: Das Sommerbad und das systematische Bräunen der Haut ist ein Idol der 30er-Jahre. Die ganze Welt von Lebertran, Sonnenbräune, Gesundheit, Rennen, 100-Meter-Lauf, sich vorbereiten auf's Kämpferische als Junge, einschließlich des Schulranzens auf dem Rücken, das gibt es in dieser Form nicht mehr. Die Summe dieser Wahrnehmung ändert sich in Abschnitten von zehn oder dreißig Jahren. Das meine ich auch mit modern. Das ist also ungenau gebraucht. Das »Bauhaus« ist nicht gemeint.

R. S.: Man vergisst die eigene Kindheit und deren Erfahrungshorizont, also die Welt der Dinge und der familiären Verhältnisse ja nicht, aber gleichzeitig ist man Erwachsener in einer anderen Welt.

A. K.: Geprägt wird eine Sinnlichkeit durch bestimmte Eindrücke, die auf Dauer gerichtet sind. Was ich aus meiner Erziehung oder Beziehung zu meinen Eltern, zu Magda Bügelsack, meiner Kindererzieherin, oder anderen, behalten habe, das bildet Dauer. Wie ich gewöhnlich reagiere, wie ich mich kenne. Als Kind habe ich mich todsicher im Herbst und im Frühjahr und auch sonst erkältet. Die Kindermädchen müssen es den Eltern erklären, haben nicht aufgepasst, war auch keine Gelegenheit aufzupassen. Schon wieder derselbe Ärger, das Kind muss ins Bett. Das ist lästig und berichtspflichtig und führt dazu, dass ich gescholten werde. Alles das hat aber überhaupt nie bewirkt, dass ich mein Verhalten ändere. Das heißt, ich habe nach wie vor ein etwas zu hektisches Verhältnis zu Gefahrenlagen. Das ist Dauer. Und Momentaufnahme ist, wenn ich z. B. sehe, dass ein Kind neben mir bei Rot über die Straße will, dann will ich's spontan anhalten. Das ist nicht Dauer, sondern das ist Moment. Das Wahrnehmen, Unterscheiden einerseits und das Bilden von Gewohnheiten andererseits, das meine ich hier mit »modern«.

*

R. S.: In der nächsten Geschichte wird dann aber ein Moment geschildert, der eine Dauerprägung verursacht.

SIRENENTON, DER MIR ALS NEUNZIGJÄHRIGEM IMMER NOCH IN DIE KNOCHEN GEHT

Weil es in der Feuerwehr-Dienstvorschrift der Gemeindeverwaltung so noch aus den Jahren vor 1945 vorgesehen ist, ertönt einmal in der Woche ein Probealarm auf allen Schulhöfen der Stadt. Der Sirenenton ruft Schüler und Lehrer auf den Schulhof. Sie verharren dort kurze Zeit und rücken dann wieder in die Klassenzimmer ein. Erprobt wird erst in zweiter Linie der Gehorsam, das reibungslose Verlassen des Schulgebäudes bei Gefahr. In erster Linie geht es darum, die Funktion dieser öffentlichen Warnanlagen, der Sirenen, zu erproben.

Diese Sitte wurde erst vor elf Jahren aufgegeben. Seither werden die Sirenen nur noch intern inspiziert. Sie werden nicht mehr betätigt und erprobt. Niemand kann sicher sein, dass sie in einem Ernstfall, zum Beispiel bei einem Fliegerangriff auf die Stadt, ihre Kassandra-Stimme wirksam erheben. Was würde die auf dem Schulhof versammelte, alarmierte Schar im Falle einer tatsächlichen Gefahr unternehmen? Das hängt von der Gefahr ab. Eine Gas- oder Brandkatastrophe in der Nähe? Ein Kriegsausbruch? Es bleibt für heutige Schüler und Lehrer als Übungsfall zunächst unanschaulich. Im Fall einer Pandemie wäre der Sirenenton unbrauchbar. Und wenn sich die Erde auftut, der Boden bebt? Das ist unwahrscheinlich in Opladen.

(Alexander Kluge: Buch der Kommentare, S. 7f.)

A. K.: Ja. Ein scharfer, prägender Eindruck, der aber zum unpassendsten Zeitpunkt sich bemerkbar macht. Denn ich bin ja kein Schüler mehr. Wovor kann eine Sirene in unserer Gegenwart warnen? Ich würde ja gar nicht verstehen, wenn ein Luftalarm angekündigt würde, ich würde wahrscheinlich zum Fernseher gehen oder zum Radio und Nachrichten hören. Aber ich würde es heute auf jeden Fall für einen Übungsalarm halten, und das war es damals nicht.

R. S.: Diese Geschichte endet leicht komisch: »Das ist unwahrscheinlich in Opladen«, da kriegt das Wort Opladen einen komischen Akzent.

A. K.: Ich find's nicht wirklich komisch, ich finde Halberstadt viel komischer oder Hettstedt oder Oschersleben, Wernigerode, das sind alles sehr komische Namen. Aber im Mund kommt mir Opladen wegen der Vokale entgegen.

R. S.: Ja, das klingt ein bisschen Niederdeutsch, es hat vielleicht mit »Aufladen« zu tun.[5]

A. K.: Aber es ist nicht so, dass ich das registriere. »Ein Detektiv in Opladen«, hätte bei mir allerdings eine andere Bedeutung als »Ein Detektiv in Bielefeld«.

5 Der Name *Upladhin* wird auf »up« (oben, hoch) und »slade« (Abhang, Talung, Bergschlucht) zurückgeführt (Wikipedia).

R. S.: Hier folgen zwei Abbildungen, »Heiligabend« und »ein blassblauer Planet«. Bei dem »Heiligabend« fiel mir spontan ein, Corona und Trump zerren an uns herum.

A. K.: So konkret ist das nicht, ich habe mir nichts dabei gedacht, außer dass zwei Hunde sich um einen Vogel reißen. Es ist lediglich ein Bild von einer gewissen Bedrohung.

R. S.: Ist »Blassblauer Planet« ein künstlerisches oder ein physikalisches Bild?

A. K.: Ein physikalisches Bild. Weil ich das Negativ genommen habe, ist die blaue Farbe rot geworden. Das gibt's aber oft bei astronomischen Beobachtungen. Das ist ein normales astronomisches Bild.

R. S.: In der Mitte ist die Erde? Sie zieht ihre Bahn von unten nach oben oder umgekehrt?

A. K.: Dieses Bild habe ich für ein Schirach-Buch gemacht. Das ist eine Aufnahme der Erde, die von einer Sonde der NASA vom Rande unseres Sonnensystems gemacht wurde. Aber im Unterschied zu Texten, die eher eine Tendenz haben, exakt zu sein, gefallen mir Bilder, weil sie allgemein sind. Ich suche solche Bilder nicht analytisch aus, sondern ich habe viele Bilder und dieses hat mich berührt. Aber ich kann's dir nicht begründen.

*

»Heiligabend«.

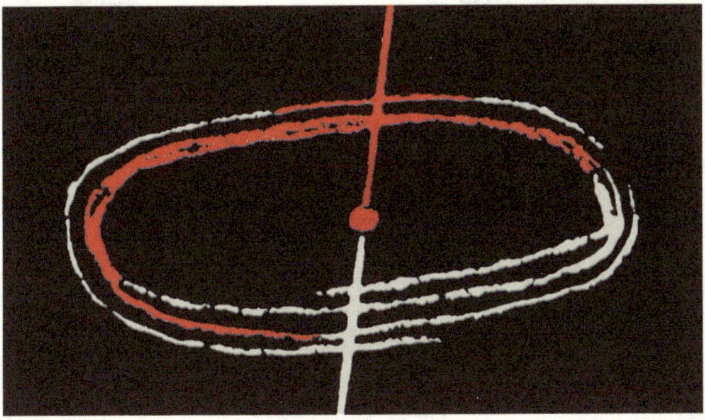

»Ein blassblauer Planet«. Astronomische Aufzeichnung in Falschfarbe. Unsere Erde, gesehen von Jenseits des Saturn.

3

FERNE – NÄHE

BLICK AUF EINEN SELTSAMEN DÄMON, DER IN KEINEM SAGENBUCH DER ANTIKE VERZEICHNET IST

Das aus der Lungenzelle soeben ausgebrochene Virus zeigte im Elektronenmikroskop ein wüstes Aussehen. Die Virologin sah verblüfft auf das ungestüme Bild. Das Wesen selbst hatte bei seiner Abenteuerfahrt, aber auch bei seinen vielen Teilungen, zahlreiche Fehler in der Weitergabe seines genetischen Codes begangen. Und so hatte das RNA-Stück (man kann nicht sagen »das Tier«), dieses Ding oder »diese Architektur« oder »dieser Alien« oder »diese Mutation«, ein merkwürdiges Aussehen. Fetzen von Zellmaterial der Wirtszelle rings um den früher geometrisch eleganten Körper geschlungen, Eindruck eines Tigermauls, um das herum Reste eines geschlagenen Schafes sich bewegten – so wollte es die Virologin bezeichnen, die einzige Zeugin dieses Moments. An der Stelle der fehlenden Moleküle, die das Virus abgeworfen oder verloren hatte, waren fremde Moleküle in die Hülle buckelartig aufgenommen. Die Proteinhülle hatte sich ausgebuchtet. Kaum noch Ähnlichkeit mit dem Wesen, das ursprünglich in den menschlichen Kreislauf eingewandert war und das noch den Abbildungen in den Lehrbüchern einigermaßen entsprochen hatte.

Von jetzt an waren noch weitere Mutationen im Taktschlag von unter einer Milliardstel Sekunde zu erwarten, die zu unerwarteten Fraktionen von einigen Millionen Individuen binnen kurzer Menschenzeit führen konnten. Das alles sah die Virologin – es war die Abendstunde vor Heiligabend – in ihrem Elektronenmikroskop nicht als Einzelheit, sondern in der Schwemme der inzwischen durch Teilung aus den ursprünglichen Eindringlingen entstandenen Milliardenschwärme. Ein jedes mit zerfetztem Gewebe, fremdem und eigenem, um sich herum, dazwischen die schützende proteinträchtige Haut des Virus, die durch nichts zu besiegen ist außer von kräftiger Seife.

(Alexander Kluge: Buch der Kommentare, S. 14)

*

Rainer Stollmann: Bei solchen Erscheinungen wie dem Virus, aber auch schon bei Meteoriteneinschlägen, die 90% des Lebens auf der Erde vernichten, oder auch bei Tsunamis, da weiß man nicht mehr, ob man noch von *einer* Natur sprechen kann, oder ob es mehrere Naturen gibt. Du sprichst an anderer Stelle auch von getrennten Evolutionen.

Alexander Kluge: Alle Faktoren sprechen bei Covid 19 nicht für eine Kommunikation mit unseren konkreten Sinnen. Frau Mölling erzählt mir,[6] dass das Virus fünf Millionen Jahre in den Lungen der Fledermäuse ohne Schaden koexistiert hat. Dann kommt so ein Gierschlund, der sich für einen Feinschmecker hält und lässt sich auf dem Markt in Wuhan das Hirn von Tieren aufhacken. Das schlürft er aus und dadurch springt's über. Von da an gehört das Virus natürlich in unsere Evolution mit hinein. Vorher könnte man es als eine Parallelevolution auffassen.

R. S.: Der Naturbegriff begann doch seit dem 17. Jahrhundert den Gottesbegriff abzulösen. Und da wir Christen nur einen Gott hatten, lag die Vorstellung einer einzigen großen Natur nahe. Hätten wir den antiken Götterhimmel behalten, wäre das vielleicht anders gewesen.

A. K.: Da gibt es noch einiges Unbekanntes. Unter der Antarktis liegen viele Kilometer tief Süßwasserseen, die, seit die Antarktis eisbedeckt ist, nicht mehr von unserer Atmosphäre berührt sein können, von Menschen ohnehin

6 Prof. Dr. med. Mölling (em.), führende Virologin an der ETH Zürich und am zuständigen Max-Planck Institut.

nicht. Du kannst fest annehmen, dass es dort Mikroorganismen gibt, die eigentlich wie Aliens auf einem fremden Planeten existieren, wenn sie doch so lange getrennt von uns geblieben sind.

Aber das ganze erste Kapitel ist eine Art Vorwort. Ich habe diesen Dezember als düster empfunden, und zwar nicht wegen Corona allein, sondern auch wegen des Wetters. Jeder Dezember macht mich schwermütig. Das war in der Kinderzeit anders, weil das Klima östlich des Harzes, das wäre Halberstadt, kontinentaler ist. Hier in München bin ich in einem Westklima, sogar Südwest, hier kommt noch ein bisschen Mittelmeer dazu und das ist mir immer zu lasch. Es ist nicht entschieden kalt, und warm ist es auch nicht. Man nennt das in Halberstadt »Schlackerwetter«.

R. S.: »Schietwetter« sagen die Bremer.

A. K.: Das macht mich ohnehin leicht deprimiert, dann kommen diese Feiertage, bei denen ich die Kindervorstellung von Advent nicht mehr zustande bringe. Luther hat eine Predigt gemacht zu Heiligabend und zum Aufbruch geblasen: Morgen früh reiten wir los und befreien Christus aus seiner Gefangenschaft. Das ist auch noch falsch, weil er erst vor Ostern gefangen wird. Aber Luther lässt sich hinreißen und proklamiert sozusagen einen Wittenberger Kreuzzug, der Jesus raushauen soll. Und das zur Geburt!

Diesen Elan hättest du bei mir als Fünfjährigem aufrufen können, heute nicht mehr. Mein Vater hatte am 21. Dezember Geburtstag, darauf konnte man sich auch freuen. Aber er lebt nicht mehr, das Haus ist abgebrannt – eigentlich ist das Weihnachtfest abgebrannt für mich. Das alles ist das Grundgefühl dieses ersten Kapitels. Dabei fällt mir auf, es gibt etwas, das mir nahe ist und mit dem ich lebe und etwas, das fern ist. Dann frage ich mich unwillkürlich, was Menschen überhaupt nahe und was absolut fern ist.

R. S.: Manchmal frage ich mich, ob das Grundproblem des »Fern-Sehers« nicht die Tatsache ist, dass er im Wohnzimmer steht. Das führt dazu, dass alles, was aus der Ferne kommt, so zurechtgeschnitten wird, dass es in Wohnzimmer passt. Sonst schauen wir uns das auf Dauer nicht an. Die technischen Mittel haben eine neue Nähe geschaffen.

A. K.: Ich könnte anfangen mit Neuseeland, das mir geographisch sehr fern ist. Aber ich kann da mit Katharina Grosse skypen,[7] dann ist es wiederum nicht sehr weit entfernt. Während zum Beispiel die Oortsche Wolke, wo die Kometen gehäuft auftreten, sehr fern ist, da werde ich ja zu Lebzeiten nie hinkommen. Ich habe einmal den Halleyschen Kometen gesehen in Bordeaux, also auch weit weg von Zuhause. Er ist weit entfernt, hat aber insofern eine gewisse Nähe, weil Ernst Jünger in seinen *Tagebüchern* beschreibt, er hätte ihn auch gesehen. Und so gibt es ein Hadern in diesem Kapitel, was wäre denn nun wirklich fern.

R. S.: Absolut fern ist das Virus, bevor es zu uns kam. Aber auch was ich in meinem Körper herumtrage, also z. B. meine Darmflora, ist mir zunächst eher fern als nahe.

A. K.: Das Hadern darüber, dass diese Begriffe, was ist fremd und was gehört zu mir, wechseln, und zwar in einem

7 Katharina Grosse / Alexander Kluge: *Das Separatrix Projekt*, Leipzig 2022.

zehn-Jahres- oder zwölf-Jahres-Rhythmus, spielt sich hier unter der Oberfläche ab. Mir hat schon dieses intensive Händewaschen zu Anfang der Pandemie viel zu denken gegeben und mich stark erinnert an die Kindererziehung, die einem das Waschen beibringt. Du kennst doch den Ausdruck Katzenwäsche?

R. S.: Ja, Katzenmusik gibt's auch.

A. K.: Intensiv waschen ist nicht der Kinder Art, da reicht auch ein bisschen Wasser und dann schnell weg.

R. S.: Mein Enkel kam seit der Pandemie immer mit rauen Händchen nach Hause, weil die Erzieherinnen in der Kita streng darauf geachtet haben, dass sich alle ständig die Hände waschen.

A. K.: Genau. Das Wort »schrubben« wäre mir sehr nahe, das kann ich samt Tonart wahrnehmen, in der es gesagt wird.

R. S.: Das kenne ich auch …

A. K.: … jetzt wirst du geschrubbt. Das ist kein Angstgefühl, sondern das ist auch eine Vorfreude, dass da jetzt sorgfältig rumgewaschen wird.

R. S.: Ja, oder »wienern«, das bezog sich aber nur auf Gegenstände, Möbel, Treppen. Das Gegenteil davon ist der »kölsche Pfusch«. Das hat meine Mutter gesagt, wenn sie keine Lust hatte zum »wienern« oder »schrubben« – »heute mache ich mal kölsche Pfusch.«

A. K.: Das sind doch interessante Ausdrücke. Wenn du »kölsche Pfusch« nach Ostpreußen versetzt oder versuchst es ins Russische zu übersetzen, dann merkst du, wie nahe das bleibt und wo das Wort gar nicht mehr erkannt wird. Dem Odysseus rät der blinde Seher Teiresias: Nimm ein Ruder über den Rücken und wandere weit ins Landesinnere und wenn du zu Leuten kommst, die dich fragen, warum du so einen großen Löffel mit dir schleppst, dann bist du dort angelangt, wo Neptun dich nicht mehr verfolgt.

Siehe dann nimm in die Hand ein geglättetes Ruder, und gehe
Fort in die Welt, bis du kommst zu Menschen, welche das Meer nicht
Kennen, und keine Speise gewürzt mit Salze genießen,
Welchen auch Kenntnis fehlt von rotgeschnäbelten Schiffen,
Und von geglätteten Rudern, den Fittichen eilender Schiffe.
Deutlich will ich sie dir bezeichnen, daß du nicht irrest.
Wenn ein Wanderer einst, der dir in der Fremde begegnet,
Sagt, du tragst eine Schaufel auf deiner rüstigen Schulter;
Siehe dann steck' in die Erde das schöngeglättete Ruder,
Bringe stattliche Opfer dem Meerbeherrscher Poseidon,
Einen Widder und Stier und einen mutigen Eber.
Und nun kehre zurück, und opfere heilige Gaben
Allen unsterblichen Göttern, des weiten Himmels Bewohnern,
Nach der Reihe herum. Zuletzt wird außer dem Meere
Kommen der Tod, und dich, vom hohen behaglichen Alter
Aufgelöseten, sanft hinnehmen, wann ringsum die Völker
Froh und glücklich sind. Nun hab' ich dein Schicksal verkündet.
(Odyssee, 11. Gesang, 121–137)

R. S.: Dann baue einen Altar und opfere ihm. Das wäre eigentlich ein komischer Ausgang aus der Dialektik der

Aufklärung. Ich wüsste gern, wie Adorno diese Stelle interpretiert hätte.

A. K.: Aber ja! Das ist der Nutzen von diesem Nah-Fern, Oben-Unten, Neben dir- bei mir, in mir- außer mir. Das sind ja die einfachsten Unterscheidungen. Von heiß – kalt ausgehend kannst du lauter Gegensätze bilden, so lange du das kannst, bist du auf der Höhe der Sinne. Du kannst diese unmittelbare Sinnlichkeit auch verlassen und die Unterscheidungen im übertragenen Sinne verwenden. Dann verstehen die Sinne immer noch etwas, aber sie messen nicht mehr.

R. S.: Zum Beispiel Fingerspitzengefühl gibt's überall, das gibt's beim Babywickeln und in der Weltdiplomatie.

A. K.: Mit viel Fingerspitzengefühl prüfte Bismarck die Worte für die Emser Depesche. Da hast du eine sehr interessante Analogie, nämlich mit derselben Sorgfalt, mit der du sonst mehrmals tastest, liest du einen Text durch.

Wenn eine Heizplatte glüht, kannst du dein Fingerspitzengefühl nicht gebrauchen. Um etwas vorsichtig abzuschmecken, brauchst du die Finger sechs Mal. So hast du eine ganze Skala zwischen fern und nah, die uns jetzt auf die Frage gebracht hat, welche Szenen aus der Odyssee oder der Ilias fehlen in der *Dialektik der Aufklärung*.

R. S.: Dieser Ratschlag des Teiresias, wie Odysseus der Rache des Poseidon entkommen kann, ist doch eine Absage an den ganzen griechischen Mittelmeer-Imperialismus: Du hättest nie auf das Meer fahren dürfen. Du musst aufs Land zurück und wieder der Bauer wieder werden, der du warst, als du nicht in den Krieg wolltest.

A. K.: Er war damals hinter dem Pflug und tat, als sei er ein Bauer, d. h. verrückt geworden. Da setzen sie sein Söhnchen vor den Pflug, so dass er darüber hätte pflügen müssen. Das tut er nicht. Daran merken sie, er verstellt sich, es ist eine Ausrede, um nicht in den Krieg zu müssen. Man muss verrückt sein, um den Kriegsdienst zu verweigern.

R. S.: Aber diese komische Auflösung erscheint mir lediglich rückwärts gewandt, im Wortsinn »reaktionär«. Die gesamte Erfahrungsmasse des Seefahrers, des Aufklärers bleibt unbeachtet.

A. K.: Odysseus hätte ja weit wandern müssen, vom Mittelmeer weg, weit in den Kontinent hinein, etwa in die Tundra bei Perm. Da wären nach Herodot die Zonen gewesen, wo sein Ruder als Löffel missdeutet worden wäre. Das wäre heute Russland.

R. S.: Die deutschen und westlichen Politiker verteidigen heute die Unabhängigkeit der Ukraine und die Entscheidung, ob unsere Kinder oder Enkel bald als Soldaten gegen Russland in den Krieg ziehen sollen, kann sich, wenn die Eskalationen so weiter gehen, eines Tages stellen. Angesichts dieser verrückten Situation hat die Idee, so weit nach Russland hineinzugehen, bis keiner mehr was vom Ukrainekrieg weiß, etwas von einem Ausweg. Irgendwann kommt Odysseus in einem Dorf in Sibirien an, wo sie über den Riesenlöffel auf seinen Schultern lachen, wo sie vom Ukraine-Krieg nie etwas gehört haben. Nachrichten hört man da nicht, und solange keiner aus dem Dorf zum Kriegsdienst eingezogen wird, interessiert sie dieser Krieg nicht.

A. K.: Alexander von Humboldt, der bis zum Ural vorgestoßen ist, könnte aus seiner Kenntnis beider Welten, der westelbischen und der ostelbischen, einen Friedensplan entwickeln. Wir investieren je zwei Milliarden Dollar, die in einer Geberkonferenz von Russland, der Ukraine, Europa, den USA, Südafrikas, Internationaler Währungsfonds usw. eingesammelt werden für ein Projekt weit im Osten Russlands und dieselbe Summe in der Ukraine zum Aufbau von Mariupol. Wäre das gleichgewichtig und die Investitionen hoch genug, dann könnte auf dieser politischen Waage ein Friedensschluss entstehen. Du brauchst, um Mariupol aufzubauen, mindestens die Zustimmung Russlands. Dann muss der Schiffsverkehr, auch der russische, in diesem Hafen wieder erlaubt werden. Dafür geschieht aber in Kaliningrad das gleiche. Und wenn man den Zoll heruntersetzt, also eine Art Schengen-Abkommen zustande bringt, unter Aufrechterhaltung der russischen Souveränität, dann ist es fast schon egal, ob Mariupol russisch oder ukrainisch verwaltet wird.

R. S.: Kein Mensch würde doch heute um Elsass-Lothringen Krieg führen, aber 1870 ist das passiert und war dann 1914 ein Anlass für den Ersten Weltkrieg.

A. K.: Diese Gedankenübung, die da drinsteckt, weit weg zu gehen – in die Vergangenheit, in die Möglichkeit, der Konjunktiv ist exzessiv weit, die Zukunft ist auch weit oder eben wie Odysseus geopolitisch weit zu gehen –, produziert an einem entfernten Ort das Wissen, was die Ruder wert sind.[8] Dieser Riesenlöffel ist ein schönes Bild.

8 Vgl. zur Heimkehr des Odysseus auch S. 196ff.

R. S.: Unerklärt in der *Dialektik der Aufklärung* ist auch der Tod, die Leichenschändung Hektors. An dessen Leib kann doch kein Hautfetzen und Knochen mehr unversehrt sein, wenn er, angebunden an den Streitwagen, vor den Stadtmauern durch den Schrott des Schlachtfeldes gezogen wird.

A. K.: Danach sorgen die Götter aber dafür, dass der Leichnam wieder heil ist. Das gehört zum Mythos. Mythen sind nicht nur gewalttätig. Das Erinnerungsvermögen, die Trauerarbeit haben die Kraft, die Schuld wegzuwaschen. In einer Geschichte über Hagen von Tronje heißt es: In dem Moment, in dem seine Kehle durchschnitten wird von der tollen Hilde und das Blut hinunter in die Erde fließt, da entsteht ein Riss im Himmel und der will nicht heilen. Zwölf Monate lang ist da ein Riss. Das ist eine Metapher, die diese Untat sehr nachdrücklich beschreibt. Das gehört auf die Seite der Dauer. Die Verkehrsampel ist Moment, sie ist grün oder rot. Wer sagen würde: Rot ist die Farbe der Roten Fahne und rot ist das Blut, der Lebenssaft, dabei kann man doch nicht stehenbleiben – ich gehe bei Rot grundsätzlich über die Straße –, dessen Knochen werden von der Stoßstange geprüft.

R. S.: Im Verkehr ist die Gewohnheit geradezu gefährlich. Die meisten Unfälle passieren im Umkreis von fünf Kilometern von Zuhause. Da ist die Gewohnheit schuld. Hier bin ich schon 1000 mal gut durch gekommen, die Gegend kenne ich wie meine Westentasche – das sind gefährliche Haltungen für einen Verkehrsteilnehmer.

A. K.: Marx spricht ja von »menschlichen Wesenskräften«, darin stecken schon auf Dauer gestellte Menschheitserfahrungen, die in Differenz zu den sinnlichen Kräften des einzelnen stehen. Arbeit, Kooperation, Genauigkeit, Gewissenhaftigkeit, Verlässlichkeit sind wesentliche Kräfte des Menschen. Das Herz, das gleichmäßig pocht, ist ein verlässliches Organ, aber es selbst weiß davon nichts. Sind die Gefäße auf Verlässlichkeit angelegt? Dieses Sich-Orientieren ist der Kerngedanke des Buches und da ist Nah und Fern die Grundkategorie, die immer wieder vorkommt.

*

Odysseus – Held der Aufklärung

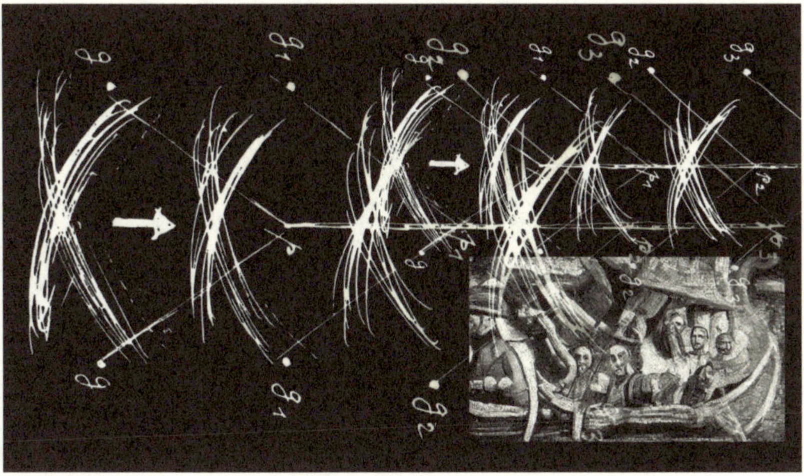

Grau punkt

4

FEIERTAGE, DEFÄTISMUS DER NATIONAL-SOZIALISTEN

DIE AUSRÄUMUNG ÜBERFLÜSSIGER FEIERTAGE IN EINER SITUATION DES DEUTSCHEN REICHES, WELCHE DIE ANSPANNUNG ALLER KRÄFTE ERFORDERT / VERTRAULICHE INFORMATIONEN DIREKT AUS EINER TEESTUNDE DES FÜHRERS

Im Restaurant Horcher gestern legte Ministerialrat Berndt aus dem Reichspropagandaministerium – er gehört dort zum engsten Stabe von Goebbels – die Gedanken des Führers dar zum Weihnachtsfest 1942. Sobald irgendwie Zeit sei, habe der Führer in einer Teestunde gesagt, werde sich die Reichsführung der Kirchenfrage zuwenden. Dem Unfug der kirchlichen Feiertage (vor allem deren Häufung zum Jahreswechsel) müsse ein Ende gemacht werden. Bismarck habe mit seiner Wendung gegen die Machenschaften des Vatikans auf Reichsgebiet nur halbe Arbeit geleistet. Da erstarrt die Front im Osten zu Eis. Der Feind bedroht unsere Stellung in Nordafrika.

Und im Reich werden die dringlichsten Notmaßnahmen, die entschiedensten Aufgaben aufgehalten durch eine Kette von Samstagen, Sonntagen und gesetzlichen Feiertagen. Jedes Mal zieht sich der Angriffsgeist, der Front und Heimat verbindet, quasi in mittelalterliche Höhlen zurück. Soeben sei dem Führer mitgeteilt worden – bei dem Bericht sei Hitler, während er dem Tee zusprach und an Keksen knabberte, heftig aufgebraust –, dass Großbetriebe während der Weihnachtstage völlig pausierten. Nur ein Notdienst sei vorgesehen. Statt Notwehr in einem alles entscheidenden Krieg Tage der sentimentalen Innigkeit. Überhaupt lehne der Führer die Verehrung eines seinerzeit verurteilten Schwächlings und Bußpredigers, eines Opfers der römischen Justiz, ab.

– Spielt es dabei eine Rolle, dass Jesus Jude war?
– Nach Auffassung des Führers sei Jesus kein Jude gewesen.

Wohl möglich sei es, so Berndt, dass ein höherer römischer Offizier eventuell gallischer oder germanischer Abkunft, in den Orient versetzt, dort die aramäische oder auch kurdische Maria geschwängert habe. Der Punkt sei: kein Jammerton über 2000 Jahre hinweg wegen eines einzelnen Opfertodes! Diese Auffassung des Führers sei der Kirchenführung mitgeteilt worden: ohne Ergebnis oder dortige Reaktion. Ein solches Aufräumen gegenüber mittelalterlicher Kirchenmacht werde auch, so der Führer, Auswirkung auf die »Opernwelt der Zukunft« haben. Auch dort könnten nicht beliebig viele Soprane in den Schlussakten sterben und ein Gejammer über solchen Opfertod die Aufmerksamkeit des Publikums blockieren, die doch für das aktuelle Zeitgeschehen und die Hinwendung darauf gebraucht werde. Der Führer wiederholt: Seit Bußtag und Allerseelen im November (die er schon während der Kriegszeit auf einen Sonntag verlegt habe) reihe sich eine ununterbrochene Kette unnötiger Ausfalltage aus kirchlichem Grunde aneinander. Berndt zählte auf: vier Adventssonntage, drei Feiertage. Zähle denn der Führer die Sonntage gleich mit? Selbstverständlich, antwortete Ministerialrat Berndt. Der Führer sei über die schiere Häufung von Samstagen und Sonntagen im Jahr entsetzt gewesen. Rückfrage: Könnte man denn in einem Krisenjahr wie diesem das Weihnachtsfest nicht ganz absagen? Oder es auf einen späteren Zeitpunkt nach dem Friedensschluss vertagen? Durch Gesetz im Reichstag oder durch Sonderbefehl des Führers? Oder durch ministerielle Rechtsverordnung?

Berndt wollte über die Frage der Form, mit der die kirchliche Sperrung von »Kriegszeit« künftig ausgeräumt werden sollte, hier am Tisch nicht sprechen. Die Kellner trugen den zweiten Gang auf, füllten Getränke nach. Wie leicht konnte sich unter ihnen ein fremdländischer Agent oder ein Schwätzer befinden, der die Informationen weitertrug.

Es gehe, wechselte Berndt die Gesprächsrichtung, um die Auseinandersetzung mit dem Christentum überhaupt. Da, wo Christentum sei, müsste nationalsozialistische Überzeugung hin. Dieser innere Kampf, bei dem die Jugend gegen eine überalterte Generation Altgläubiger antritt, sei der wesentliche Inhalt einer erneuten »Nacht der langen Messer«, einer zweiten nationalsozialistischen Revolution, auf die das Deutsche Reich seit 1934 warte. Es gehöre aber in jedem Fall eine gründliche »Kalenderrevolution« zum Programm, und somit sei »die Freizeichnung der realen Zeit des Jahreswechsels für den Kampfeinsatz« ein Bestandteil des Programms. Selbstverständlich müsse man für bestimmte Regionen im süddeutschen Raum Rücksicht walten lassen, wie sie ja auch bei der Weißmehlzuteilung für Wien mit Rücksicht auf die dortigen Lebensgewohnheiten und Vorurteile Praxis geworden sei. In jedem Fall gelte es aber, mit der Verherrlichung des an sich schwachen Jesus aufzuhören, noch dazu eines Kindes. »Mit seiner späteren jämmerlichen Fleischwunde im Unterbauch«, die von keinem Militärarzt der Gegenwart als »Heimatschuss« anerkannt würde. Seltsam daran sei, dass sich die Feiertage in der Winterszeit so sehr häuften, und zwar immer dann, wenn der anfängliche Kälteeinbruch im November von einem schlappen Feuchtwetter abgelöst werde, das zu nichts gut sei als zur Verbreitung von Grippeviren.

(Alexander Kluge: Buch der Kommentare, S. 17–19)

*

Rainer Stollmann: Wenn du eine Geschichte darüber schreibst, wie die Nazis die Feiertage abschaffen wollen, da steckt doch auch Alexander Kluge dahinter. Das würdest du doch auch ganz gerne tun.

Alexander Kluge: Würde ich absolut gerne tun.

R. S.: Da leihst du dir dann die Nazis, um das zu verkleiden?

A. K.: Ja, genau. Denn wenn du es einfach 1:1 sagst, ist es belehrend oder merkwürdig oder auch hochmütig. Es ist arrogant für andere Menschen.

R. S.: Abgesehen davon, dass es nicht funktionieren wird, wenn es die Französische Revolution nicht schafft …

A. K.: Lenin hat's auch nicht geschafft, der hat doch die Fünf-Tage-Woche eingeführt, die funktionierte noch weniger. Nein, nein. Dennoch ist mir aufgefallen, wenn das solche Infektionsherde sind und wenn zu der Quarantäne im Mai jetzt diese Häufung von 1. Mai, 13. Mai, Himmelfahrt, also Vatertag, was feiern wir denn da? Dann kommt ein Doppeltag, was machst du religiös ernsthaft am 2. Pfingsttag?

R. S.: Nichts bestimmtes, das ist alles Urlaub.

A. K.: Aber eine schwachsinnige Form von Urlaub. Weihnachten ist das Fest der Kleinfamilie. Und Ostern wäre jetzt das Ansteckungsfest. Wenn man im Sinne der Gegenalgorithmen nichts weiter als eine Feiertagsbewirtschaftung neu machen würden, was man da alles erfinden könnte an neuen Tätigkeiten.

R. S.: Was der Wedding im frühen 20. Jahrhundert erfindet an Feierformen in Berlin! Ich bin überzeugt, dass sich das leicht von den unseren unterscheidet.

A. K.: Mich interessiert, diese Dinge kommentarfähig zu machen. Dann musst du sie an eine Stelle stecken, von wo aus du gewissermaßen mit Grund, ohne viel Aufwand schimpfen darfst. Allerdings hat Hitler das gesagt, und zwar genau zu Weihnachten 1942. Das ist die Winterkrise, vorher die Kriegserklärung gegen Amerika, alles häuft sich, da ballt sich katastrophische Zeitvernichtung. So schnell kann er gar nicht entscheiden.

Könnte Till Eulenspiegel ein Nationalsozialist sein?

Ein Heimatforscher in Heudeber bei Magdeburg im Jahre 1936 (er war im Museum für die Konservierung von Vogelattrappen zuständig) hielt sich für die Wiedergeburt Till Eulenspiegels, der, wie einige Quellen behaupten, während der Bauernkriege (1523–1526) lebte und lehrte. Im Sinne von Platons STAAT reihte sich Erwin Mölders, so hieß der Heimatforscher, in den LEHR-STAND ein. Bauern aus der Umgebung von Heudeber gehörten dagegen zum NÄHR-STAND. Bald darauf, im Herbst 1939, zählte Mölders zum WEHR-STAND und war als Regimentsschreiber in Polen tätig. Schon im Frankreichfeldzug fiel er; sein Witz (bestätigt von allen Freunden) hatte ihm nichts genutzt.

In einem unveröffentlichten Konvolut (die Blätter waren mit Bindfaden verschnürt), das die Hinterlassenschaft von Mölders darstellte, entwickelte er den Begriff der »Herkunft der nationalsozialistischen Bewegung aus der Verlusterfahrung der Bauernkriege« – so der Arbeitstitel.

Der endgültige Titel sollte dagegen Galgenhumor enthalten und auch positiv gewendet sein. Die Antwort auf Verlusterfahrung, sagte Mölders, muß in einer produktiven Klasse wie jener der Bauern in etwas Praktischem bestehen. Läßt sich nichts Greifbar-Positives herstellen (oder wächst es auf keinem Boden), weil ein Riß der Geschichte den Erfahrungshorizont zerschneidet, dann kann nur in der Ausdrucksform von Eulenspiegel oder in der Gestalt von deutscher Musik geantwortet werden. Für die Drehung einer Sache durch Witz in ihr Gegenteil braucht man »Unsinn«. Dafür aber war die NSDAP, so der erfahrene Mölders, nicht empfänglich. An die Stelle des Witzes tritt die Organisation. Die einzige Zone, in der die Bauernkriege, nach den Forschungen von Mölders, auf deutschem Reichsgebiet Erfolg hatten, war das Erzbistum Salzburg. Die Verbindung von Bergknappen, kriegserfahrenen Söldnern und den Bauern bildete dort die Grundlage für eine Kantonalverfassung (ähnlich wie in der Schweiz). Das wiederum traute sich Mölders zu, den befreundeten Parteigenossen zu erläutern. Till Eulenspiegel wäre auf keinen Fall Nationalsozialist geworden, notierte Mölders, da bei glücklichem Ausgang der Bauernkriege (und das wäre Bedingung für ein Weiterleben Eulenspiegels) der Nationalsozialismus unnötig geworden wäre.

(Alexander Kluge: Das fünfte Buch. Neue Lebensläufe, Berlin 2012, S. 284)

R. S.: Bei allem Triumphgeheul und Kriegsgeschrei waren die Nazis doch ausgesprochene Defätisten. Dass irgendein »Reich der Freiheit« anbrechen würde, hat sie nicht interessiert, sie haben in Tragik und Düsternis geschwelgt, Speers »Ruinenwertgesetz«, Hitlers Vorliebe für Wagners »Götterdämmerung«, ihre gesamte Pseudo-Geschichtsphilosophie kreist um Untergänge. Erst als Deutschland wirklich in Trümmern liegt, lässt Goebbels Operettenfilme spielen.

A. K.: Ja, sehr schwermütig, oft schwarz ausgeflaggt. Das ist noch nicht richtig durchdacht, inwiefern gewissermaßen eine Phase der Trauer dem Futurismus und dem Faschismus immanent ist. Beim Kameradschaftsabend ist das anders. Nach sechzig Kästen Bier entsteht eine siegesfeierähnliche Euphorie. Aber geht einer dann auf die Toilette und pisst, da wird er schon wieder traurig.

Tiefe Einschnitte wie die Bauernkriege, die werden ja immer wieder neu betrauert, angeblich in sieben Stufen. Nach dem Krieg 1870/71 kann ich Trauer nicht entdecken, der Sedanstag war immer ein Besäufnis.

R. S.: Aber im Dritten Reich gibt es eine Reihe düsterer Tage. Der 9. November wird als Gedenktag für die Toten beim Marsch auf die Feldherrnhalle 1923 gefeiert. Da überdeckt die Marschmusik die Trauer, aber in ihm steckt natürlich der 9. November von 1918. Der Volkstrauertag, aus dem die Nazis den »Heldengedenktag« machen, liegt in der vorösterlichen Fastenzeit. Soweit ich weiß, ist das alles nicht gründlich erforscht. Du bist ja der Auffassung, dass die wirkliche Gefühlsverarbeitung erst nach drei Generationen geschieht. Die Verarbeitung des Ersten Weltkrieges fände dann ungefähr jetzt statt.

A. K.: Ja, aber das sind Suchbegriffe, keine Fundstücke. Es hat Bevölkerungsaustausche gegeben. Eine ostpreußische Bevölkerung ist ja gar nicht präsent, eine dritte Generation gibt es gar nicht. Aber dass das mehr oder weniger 90-Jahres-Abschnitte sind, darin bin ich mir sicher.

R. S.: Der Gedanke entspringt der Annahme, dass auf so große Katastrophen nicht unmittelbar reagiert werden kann.

A. K.: Ja, nur teilweise reagiert wird. Den Bombenangriff, den ich als 12jähriger erlebe, der wird unmittelbar verdrängt. Schon am Nachmittag sind andere Dinge zu tun, die Suche nach der Schwester, Suche, ob was übrig ist vom Haus, die Amerikaner kommen, wie kriegt man Nachschub an Nahrungsmitteln. Es entsteht kurzfristig Hektik. Später gibt es die Verbindungen solcher Erlebnisse mit allgemeiner Trauer. Ich habe angefangen über den Luftangriff auf Halberstadt zu schreiben, während ich meinen Vater bewachte, der mit einem Oberschenkelhalsbruch und mit dem Blick auf seinen Todestag dort im Bett festliegt. Das habe ich offenkundig mit dem Luftangriff verbunden. Da hatte ich aber auch Zeit. Mein Maßstab für Vergänglichkeit ist nicht irgendeine Grabinschrift, sondern dieser Bombenangriff. Das ergäbe doch eine Kontinuität von 1945 bis 1979, also 34 Jahre. Das wäre eine Generation.

Und wenn du eine bestimmte Melancholie entdecken könntest, die sich in Mitteleuropa ausbreitet, dann stellt sich die Frage, worauf sie sich bezieht.

R. S.: Nimm mal ein Bild: Wenn du einen Stein über einen Teich wirfst, dann springt er immer wieder hoch, die Sprünge werden zwar kürzer, aber das kann eine beträchtliche Strecke werden, die der über's Wasser springt, falls es glatt ist. Nun ist unser Erinnerungsvermögen kein Stein, es verwandelt sich immerzu, assoziiert sich mit anderem, verbindet sich mit Neuem usw., das ist eher so etwas Netzartiges.

A. K.: In der Geschichte kannst du diese Perioden der Depression und der Traurigkeit feststellen.

R. S.: Barock …

A. K.: Der Sensenmann, das Skelett ist eines der großen Ausdrucksmittel des Barock. Das ist eine Zeit des Wiederaufbaus, der bürgerlichen Emanzipation, die Geschäfte blühen, der Dreißigjährige Krieg ist beendet. Während des Dreißigjährigen Krieges wüsste ich nicht, dass davon berichtet wird. Wann ist denn Eulenspiegel traurig?

R. S.: Ihm ist eine gewisse Bitterkeit eigen, aber weinen tut er nie. Mit Kindern ist er nicht gern zusammen, weil man sie ihrer Munterkeit wegen mehr beachtet als ihn. Aber das bedarf sicher der Interpretation.

A. K.: Wird Eulenspiegel nicht auch einmal verletzt?

R. S.: Es gibt gelegentlich Prügel, aber keine Verletzungen. Ganz anders als bei Odysseus oder in den ritterlichen Epen bleibt der Körper unversehrt. Seine schärfste Waffe ist die Scheiße, also etwas Weiches.

A. K.: Interessant. Mich beschäftigt grundsätzlich und auch in diesem Buch, so viel Orientierung und Unterscheidung zu suchen wie möglich. Die Verletzlichkeit des Menschen abschließend beschreiben kann ich nicht. Ich habe auch keine feste Haltung dazu. Denn auf der einen Seite gibt es eine enorme Heilfähigkeit. Zwar können wir nicht wie der Salamander neue Körperteile regenerieren. Aber spirituell können wir das, Verwundungen des Geistes sind heilbar.

Ich weiß genau, dass das alles Annahmen sind. Aber was macht denn ein Echolot oder eine Fledermaus, wenn sie ihren Laut gegen eine noch zu dem Zeitpunkt unbekannte Wand schickt, um aus dem Echo ihre Orientierung zu bekommen? Sie macht dann ja keine Feststellungen, sondern versuchsmäßige Voraussagen, Tests, Messungen. So ähnlich denke ich mir Suchbegriffe.

5

KUNST IST TRAUERARBEIT

Der Taxifahrer auf der Suche nach der philosophischen Republik

Meine Frau hatte mit dem bärtigen Mann an der Tür keinen Kontakt. Sie traute ihm nicht. Sie schickte mich einen Stock tiefer, wo der Mann wartete. Der bärtige Mann bot an, eine Corona-Maske aufzusetzen. Ich stand, gestützt auf das Geländer der Treppe.

Es zeigte sich, dass es sich um einen Taxifahrer handelte, der mich früher einmal gefahren hatte. Er hatte sich die Adresse gemerkt. In den Händen hielt er ein schwarz eingebundenes Buch von Sloterdijk, das von Himmeln handelte. Mit Kuli hatte der Fahrer auf den Einzelseiten seine Eindrücke und Kommentierungen in das Buch hineingeschrieben. Erlebnisse, wie er sagte. Er zeigte die Seiten mir vor. Ein später Nachkomme der GLOSSARISTEN aus dem 12. Jahrhundert, die eine der Schulen der Scholastik begründeten.

Wie könne er, fragte er, in einer Runde von Gleichgesinnten landen, um über seine Anmerkungen in den Glossen in dem Buch und über den Philosophen, der das Buch verfasst hatte, zu sprechen? Im Athen der Antike, aus den Vorstädten kommend, hätte er im Auslauf der Achsenzeit sicher Gefährten getroffen, vielleicht einen ÖFFENTLICHEN FRAGER wie Sokrates. In der Stadt München weiß ich auf Anhieb keinen Rat, wohin ich ihn verweisen kann. Vielleicht gibt es in den Institutionen der Erwachsenenbildung längst einen Kreis, der sich philosophisch untereinander verständigt und in denen der Bärtige mit seinen Skripten aufgenommen werden könnte. Er könnte seine Glossen vorlesen und es entstünde eine Debatte.

Dagegen wäre eine Suche nach ADÄQUATEN KONTAKTEN AUF DEN ZENTRALEN PLÄTZEN DER STADT, auf dem Sta-

chus, auf dem Lehnbachplatz oder an anderen zentralen Verkehrsplätzen sicher vergebens, da auf keinem eine AGORA oder ein Ort für eine philosophische Auseinandersetzung existiert.

Auch für mich zerfällt der denkerische Kontakt. Habermas am Telefon heute früh in Starnberg: aufgeregt, abgelenkt, unterbrochen durch ein Telefonat auf seinem zweiten Apparat. Wir hatten ein Telefonat für heute, Donnerstag, verabredet. Das Gespräch muss, in nervösem Ton, auf Samstagvormittag verlegt werden. Eben gerade ruft ihn nämlich Landgrebe vom Suhrkamp Verlag an. Seit gestern, sagt der Philosoph, sind für mich »unerwartete Komplikationen aufgetreten«. Es erweist sich, dass er für eine französische Publikation drei bis vier Seiten noch bis morgen Vormittag zu seinem Buch »Auch eine Geschichte der Philosophie« verfassen muss. Der Text muss auch noch übersetzt werden. Das nimmt ihn ganz gefangen.

(Alexander Kluge: Buch der Kommentare, S. 19f.)

*

Rainer Stollmann: Eine Geschichte weiter kommt ein Taxifahrer vor, der zu dir nach Haus kommt und Diskussionsbedarf zu einem Buch von Sloterdijk hat. Das ist ungewöhnlich. Aber ich weiß ja inzwischen, dass oft wirklich Erlebnisse dahinterstecken.

Alexander Kluge: Ja.

R. S.: Ist das wirklich passiert?

A. K.: Nee.

R. S.: Nicht? Doch ausgedacht?

A. K.: Ich habe einen Taxifahrer kennen gelernt, der sich dauernd Notizen machte. Aber ich habe eben übertrieben. Das kann ich nie ganz genau unterscheiden.

REGELN FÜR DAS WEINEN

Wenn feuchtes Holz beim Brennen singt, ist es das Weinen der armen Seelen. Wenn der Wind im Holz und um die Ecke des Hauses pfeift, weinen die ungetauften Kinder. In den Tälern des Nordharzes (vor allem oben in Schierke und Elend) soll der Pate am dritten Tag nach der Geburt dem Neugeborenen das Weinen abkaufen. Er muß Geld in die Wiege legen. Wenn eine schwangere Frau weint, gibt das ein brüllendes Kind. Nun weinte meine Mutter im Februar 1937 bitterlich, aber ihr am 2. April 1937 geborenes Kind, meine Schwester, war stets fröhlich, brüllte niemals Leute an, wie es ihr Vater oder ich durchaus tun.

In der Schweiz heißt es, man müsse Kinder weinen lassen, denn während sie weinen, wächst ihnen das Herz. Bei Homer, bei den Sioux, auf den Andamanen und auf Neuseeland werden Heimkehrer mit Tränen empfangen. Das sei, sagt Derrida, nicht Ausdruck seelischer Erregung, sondern einer das Übel abwehrenden Kraft. Es soll dem Heimkehrer gutgehen, und er soll keine Übel importieren.

Die Tränen der im Leben Zurückbleibenden, die den Toten liebten, brennen im Verstorbenen wie Feuer. Je mehr man um den Toten weint, desto mehr Wasser muß er in der Unterwelt schöpfen. Deshalb sagt man in einem Seitental der Etsch, wo ein altes Latein gesprochen wird, es dürften um ein totes Kind nicht mehr Tränen vergossen werden, als eine Tasse davon faßt. Da der Tote noch zwei Tage lang alles sieht, soll man in diesen Tagen nicht zuviel weinen.

Gestorbene Kinder, die unter den Tränen ihrer Mutter litten, erschienen im Hause und wiesen auf ihr nasses, schweres Hemdchen hin. Sie schleppten einen Krug mit sich, bis zum Rande mit Tränen gefüllt, und ließen sich erst wieder ins Grab niederlegen, als die Mutter versprach, nicht mehr zu weinen.

(Alexander Kluge: Russland-Kontainer, Berlin 2020, S. 258f.)

*

»Büßerschnee«

Büßerschneebildungen (an Büßer gemahnende eisige Figurationen) sind Formen der Schneeablagerung in Gebieten mit hoher Trockenheit und hoher Ausdunstung. Das Begehen von Gletscher- und Firnflächen ist dort mühsam.

Die Gipfel des Issik-Gletschers, auf dem sich Büßerschnee findet, sind, infolge ihrer Schneelast, nach Süden geneigt und bis zu sechs Kilometer hoch. Die ungewöhnlichen Formen wurden um fünf Uhr nachmittags am Westhang des östlichen Alisu-Tales in etwa 5300 Metern Höhe aus der Ferne aufgenommen.

Begangen hat diese Fläche im politisch-brisanten Bereich zwischen der GUS, Kaschmir, Afghanistan und dem Wakhan-Gebirge, das F. Kussmaul erforscht hat, niemand, kein Terrorist, kein Verfolger. Es handelt sich um ein Gebiet außerhalb des Menschengeschlechts.

(Alexander Kluge: Die Lücke, die der Teufel lässt, Frankfurt a. M. 2003, S. 905)

*

»Zackenfirnis« ist ein rein beschreibender Name für diese unterschiedlich großen und seltenen Eispyramiden in subtropischen Berglandschaften. Es mag zu dem Begriff »Büßerschnee« oder »Büßereis« gekommen sein, weil einen katholisch geprägten Geographen der Anblick dieser Eislandschaften an mittelalterliche Bußprozessionen mit Kapuzengewändern erinnerte. Außer diesem Wort, das A. K. nicht er-, sondern gefunden hat, ist kaum etwas Poetisches in diesem schmucklosen, berichtenden Text zu finden – mit Ausnahme des letzten Satzes. Aber gerade diese fast vollkommene Sachlichkeit ist Ausdruck von Pathos. Seltsam, dass ausgerechnet hier, »außerhalb des Menschengeschlechts« »Buße« in Form kalter Natur-Skulpturen erscheint. Als ob die »Buße« einen Ort »außerhalb des Menschengeschlechts« hätte finden müssen. Vor wem wäre sie denn auf der Flucht? Vor der Furie der Gegenwart? Denn je mehr einer gegenwärtig ist, desto weniger kann er erinnern und trauern.

R. S.: Du hast deine Geschichten einmal unterschieden in solche, die Gelände vermessen, also z. B. den Krieg oder die Liebe, und solche, die auf nichts verweisen, ähnlich wie Musik. Das sind die poetischsten. Mir scheint, diese sind auch immer am intensivsten mit Trauer verbunden.

A. K.: Tränen machen angeblich blind, tatsächlich helfen sie der Sehkraft besser als das Teleskop. Sie machen die Dinge fließend. Wir haben das von den Fischen, die salzhaltige Flüssigkeit von innen nach außen transportieren können. Ein Puma kann nicht schwitzen und nicht weinen. Den harten Sinn verflüssigen, den Verhältnissen ihre eigene Melodie vorspielen, also auch in Bewegung versetzen, das ist dasselbe. Die Verlusterfahrung und die damit verbundene Fähigkeit zu trauern ist das einzige Vermögen, das uns bewegt, weltverändernd irgendwo tätig zu werden.

R. S.: Trauerarbeit ist in der professionellen Politik so gut wie nicht vorhanden. Aber es ist ein Grundgedanke der kritischen Theorie. Es gibt einen ursprünglichen Verlust. Nach Freud haben wir keine Grundtriebe, sondern wir haben Abkömmlinge davon. Ein Trieb wurde enttäuscht, diszipliniert, hat Widerstand geleistet, und dieser Widerstand ist unser Gefühl. Davon sind wir angetrieben, wir wollen eigentlich die ganze Zeit etwas herstellen, ein Paradies herstellen, das verloren gegangen ist.

A. K.: Deswegen ist das Lamento die Grundform der Musik und der Grund für Musik. Es gibt auch einen Jubelgrund. Das sind nicht einfach nur zwei Dinge, sondern das konstellative Prinzip erlaubt nie eine Einzelkraft, so ähnlich wie bei einem Magneten, der immer aus zwei konträren

Polen besteht. Wir denken linear und monodisch, und wir müssen lernen polyphonisch zu denken. Es gibt diese starke Wechselwirkung zwischen den Quarks, je weiter sie getrennt sind, desto stärker wollen sie zueinander. Das ist bei unserer libidinösen Verfassung ähnlich. Dabei ist aber nie nur Sehnsucht, Trauer im Spiel, sondern auch praktische Arbeit.

»Es gibt ein Bild von Klee, das Angelus Novus heißt. Ein Engel ist darauf dargestellt, der aussieht, als wäre er im Begriff, sich von etwas zu entfernen, worauf er starrt. Seine Augen sind aufgerissen, sein Mund steht offen und seine Flügel sind ausgespannt. Der Engel der Geschichte muß so aussehen. Er hat das Antlitz der Vergangenheit zugewendet. Wo eine Kette von Begebenheiten vor uns erscheint, da sieht er eine einzige Katastrophe, die unablässig Trümmer auf Trümmer häuft und sie ihm vor die Füße schleudert. Er möchte wohl verweilen, die Toten wecken und das Zerschlagene zusammenfügen. Aber ein Sturm weht vom Paradiese her, der sich in seinen Flügeln verfangen hat und so stark ist, daß der Engel sie nicht mehr schließen kann. Dieser Sturm treibt ihn unaufhaltsam in die Zukunft, der er den Rücken kehrt, während der Trümmerhaufen vor ihm zum Himmel wächst. Das, was wir den Fortschritt nennen, ist dieser Sturm.«

(Walter Benjamin: Über den Begriff der Geschichte, These IX [1940])

R. S.: Wir Menschen sind nicht die Engel der Geschichte. Wir haben weder den Überblick, wir erblicken auch nicht ausschließlich Katastrophen. Auch kommt das Wort »Trauer« bei Benjamin dort nicht vor – sollte es aber doch.

A. K.: Und die Hände des Engels greifen ins Nichts. Da brauchen wir Stachel den Clown, der ist ein Praktiker. Ich würde sagen, die Hälfte von Brecht, die Hälfte von Benjamin, so wie sie beide da in Dänemark sich verständigen.

6

HILFE AUS DER ZUKUNFT

Rainer Stollmann: Du hast vor kurzem in einem Interview gesagt: Ein Dichter muss zehn Jahre in die Zukunft blicken können. Sonst ist er kein Dichter.

Alexander Kluge: Das habe ich gesagt?

R. S.: Ja.

A. K.: Also, da musst du mir zwei verschiedene Personen zubilligen. Die eine sagt, man kann nicht in die Zukunft blicken. Die zweite sagt, wenn ich in die Zukunft blicken könnte, wäre ich mitten im Kassandra-Problem. Sie konnte in die Zukunft blicken, aber ihr wurde nicht geglaubt. Die Kenntnis der Zukunft genügt offenbar nicht. Ich bin kein Prophet. Aber in der Einfühlung bin ich mit dem, was noch geboren werden will, verbündet.

Es gibt eine Geschichte im Parsival. Parsival ist von seinem Halbbruder Feirefiz schon besiegt, sein Schwert liegt zerbrochen am Boden, er gibt sein Leben auf. Da kommen aus der Zukunft seine Söhne Kardeiß und Lohengrin und retten den Vater, weil sie geboren werden wollen. Es steht da so in wenigen Zeilen, wird nicht weiter verfolgt, ist aber unglaublich interessant und lichtvoll. Eine solche Verbindung in die Zukunft, ohne dass ich es beweisen könnte, die empfinde ich. Ich bin nicht der Supermann, der diese Voraussicht hat, aber das Poetische selber, die Muster, mit denen das Poetische umgeht, die sind nicht zeitgebunden. Die Muster werden sich nicht ändern. In der Evolution erzeugte »Patterns« sind wie eine Zukunftswolke, unabhängig von den Aktualitäten, so prägend, dass wir auch von den Nachkommen, jedenfalls wenn sie von uns abstammen, immer beeinflusst werden.

R. S.: Das scheint mir auch die notwendige Folge der Vorstellung »morphischer Felder« von Rupert Sheldrake[9] zu sein, der auch von solchen Mustern oder Strukturen ausgeht. So dass man sagen könnte, so wie in *Solaris* bei Stanislaw Lem[10] ein ganzer Planet Intelligenz hat, so hat unser Leben insgesamt eine Grundstruktur. Wir hören nicht auf, mit den Fischen verwandt zu sein, wenn wir doch das Schwitzen und das Weinen von ihnen gelernt haben. – Hier ist der Originaltext von Wolfram von Eschenbach.

Mir ist leid, daß der Getaufte Sich Müde schon im
Streit erkaufte:
Seinen Schlägen ist die Kraft benommen.
Wenn ihm nun nicht zu Hülfe kommen
Kondwiramur noch der Gral,
Wehrlicher Parzival,
So laß den Wunsch dich laben,
Daß die klaren süßen Knaben
Nicht so früh verwaiset sei'n,
Kardeiß und Loherangrein,
Die sein Gemahl empfangen hatte
In der Nacht, da von ihr schied der Gatte.
Kinder, keuscher Eh entblüht,
Wohl laben die des Manns Gemüth.

(Wolfram von Eschenbach, *Parsival*, Vers 743, 09–22)

9 Rupert Sheldrake: *Das schöpferische Universum. Die Theorie des morphogenetischen Feldes.* Aus dem Englischen von Waltram Landmann und Klaus Wessel, Frankfurt a. M. / Berlin 1983; Neuauflage 2009.

10 Stanisław Lem: *Solaris*. Roman. Deutsch von Irmtraud Zimmermann-Göllheim. Mit einem Nachwort von Harald Lesch und Harald Zaun, Berlin 2021.

A. K.: Lass mich mal schauen. Nun, ich habe in meinem poetischen Eifer vielleicht etwas übertrieben. Da steht nicht, dass die Söhne aus dem Jenseits erscheinen. Allerdings sind sie noch ungeboren. Es ist von »Wunsch« die Rede, der zielt ja in die Zukunft. Ich habe natürlich auch Wagner im Ohr, da folgt Lohengrin lange nach dem Gral. Aber weißt du, ich würde kraft eigener poetischer Autorität diesen Gedanken des Einwirkens der Zukunft auf die Gegenwart festhalten. Denn die Idee, etwas will geboren werden, ist in der kugelförmigen Realität vorhanden, in der die Zeit gewissermaßen nach zwei Richtungen arbeiten kann. Das würde jeder Physiker leugnen, da geht der Zeitpfeil vorwärts.

R. S.: Obwohl die Physiker doch Probleme haben, das wirklich zu beweisen.

A. K.: Es gilt auch nicht in der Natur. Die Zeit ist tatsächlich zyklisch. In der Quantenphysik geht die Zeit ganz ohne Schwierigkeiten rückwärts und vorwärts gleichzeitig. Die Verschränkung zweier Teilchen jenseits von Zeit und Raum ist eine Gleichzeitigkeit. Unser alltäglicher Zeitbegriff versagt da.

Dies hat alles nicht geometrische Fläche, sondern Kugelform. Die Kugelform der Zeit ist eine meiner tiefsten Überzeugungen und Empfindungen. Und wenn alle Physiker vom Geiste Newtons oder in diesem Punkt sogar noch Einsteins auf der einen Seite stehen und alle Poeten und Quantenphysiker auf der anderen, dann wollen wir mal sehen, wer am Ende Recht behält.

R. S. (lacht): Wenn du sagst, du bist ein religiöser Mensch, hat das mit diesen Dingen zu tun?

A. K.: Meine Eltern waren da lax, gingen lediglich Weihnachten in die Kirche, aber Religiosität war diffus vorhanden, auch wenn ich von Haus aus nicht religiös geprägt bin. Aber die Geschichten, etwa des Talmud, oder die Gershom Scholem wiedergibt, die interessieren mich. Ich lese bei ihm, dass Gott sechs Wochen lang an Buchstaben und Zahlen gezimmert und auf sie eingeschlagen hat - und sechs Wochen Gotteszeit sind 13,5 Milliarden Jahre -, danach hat er in nur einer Woche die Schöpfung und am letzten Tag uns Menschen gemacht. Immerhin auch am zweiten Tag den Golem. Wenn du mich fragst, ob das unter Wissenschaftlern als wahr gelten kann, dann würde ich sagen, das weiß ich nicht. Aber wenn du mich fragst als Siebenjährigen, der jetzt 90 Jahre alt ist, dann würde ich sagen, ich habe große Lust, so etwas zu prüfen.

R. S.: Das ist eine Vorstellung von Gott als Demiurg, als Handwerker.

A. K.: … der Zahlen fabriziert. Hast du schon mal in der Natur eine Zahl sitzen sehen, eine 5 oder eine 8?

R. S.: Wenn man davon absieht, dass in höheren Etagen manche Null herumläuft …

A. K.: Es gibt vielleicht Dinge, die so aussehen wie eine 8, das kann Zufall sein. Wir können in unserem Kopf etwas, das wir für richtig, für mathematisch fundiert halten, dem der Kosmos gleichzeitig gehorcht. Obwohl wahrscheinlich keine kausale Beziehung besteht zwischen dem Kosmos und seinen Gesetzen, den Zahlen, der Mathematik, und dem, was mein Hirn und meine Tradition in meiner Umgebung tut. Ich kann ja selber nicht rechnen und weder mein Vater noch meine Mutter waren Mathematiker. Trotzdem habe ich ein tiefes Vertrauen, dass es da eine Verbindung gibt. Und da ich sicher bin, dass noch in sechzig Jahren die Mathematik und die Quantenphysik genauso gelten wie jetzt, nehme ich auch an, dass sich ein Dichter mit etwas Künftigem beschäftigt. Und was er jetzt tut, würde die Auguren der Zukunft setzen.

R. S.: Was tust du denn zurzeit?

A. K.: Ich mache heute Nachmittag im Studio ein Bild von mir, transformiere das durch die künstliche Intelligenz, bis es nicht mehr zu erkennen ist. Trotzdem ist es immer noch mein Bild, auch wenn meine Person in dem, der an einem Schreibtisch mit Stift, Papier, Brille sitzt, nicht mehr zu erkennen ist. Und jetzt behaupte ich, dass das ein Zukünftiger ist, der 60 Jahre nach uns lebt, nachdem ziemlich viel auf der Erde zerstört wurde, einschließlich der Archive. Er kann nicht mehr angeben, durch welche Verhandlung der Krieg zwischen Russland und der Ukraine bereinigt wurde. Aber aus Gründen, die er nicht weiß, die in der Geschichte verschwunden und vernichtet sind, ist es zu einem Ende gekommen. Was macht man jetzt zwischen Ost und West mit diesem riesigen Kontinent? Wenn diese Fragestellung attraktiv ist, dann ist das ein Grund Frieden zu schließen.

R. S.: Nun spekulieren die Zeitungen, insofern in ihnen die Nicht-Bellizisten zu Wort kommen, zurzeit gern darüber, wie man zu einem Frieden kommen kann.

A. K.: Die Monstrosität des Krieges wird durchweg unterschätzt. Man kann das alles nicht wissen. Ob es eine Verhandlungslösung gibt, wer verhandelt und wie das aussieht. Das auszudenken ist ziemlich müßig. Sich auszumalen, wie das etwa unter Führung von Erdogan und auch den Chinesen vor sich gehen könnte, halte ich für willkürlich und sinnlos.

Aber mit Sicherheit wird irgendwann nach bitteren Erfahrungen, bitterer Zerstörung, nachdem etwas noch einmal so schlimm war wie der zweite Weltkrieg und Stalingrad, dazu führen, dass wir uns mit dem Kopf der anderen befassen und nicht nur westeuropäisch denken, westelbisch denken.

R. S.: Wir können ja nicht einmal mehr die ostdeutschen Länder begreifen, sie sind uns entkommen und wir haben immer noch einen stillschweigenden West-Hochmut, als ob ein Arbeiter aus Castrop-Rauxel mehr weiß als einer aus Halle, wenn sie doch auch nicht besser eine kaputte Maschine reparieren könnten.

*

Antike Sirenen sind autonome & rebellische Geister

Antike Sirenen
sind autonome &
rebellische Geister

Schwimm- und
flugfähig /
Beißkräftig &
modern ...

sirena.
onocentaur9
de sirenis et onocentauris
e sirenis et onocentauris ita dicit ysaias ppheta.

7

»ES GIBT KEINE KÜRZE AN SICH UND KEINE LÄNGE AN SICH.«

Wie ich Thomas Manns Villa umschlich

In der Zeit, in der nur wenig mehr als drei Milliarden Menschen die Erde bevölkerten, hatte ich noch die Vorstellung, die sich erst neuerdings mit elektronischen Mitteln verwirklicht, daß man jeden Menschen auf der Welt treffen und kennenlernen könne. Ich war mit meiner Schwester in die Schweiz gereist, wir reisten per Anhalter. In Zürich wollte ich das Haus von Thomas Mann sehen. Ich umschlich das Gebäude, sah ein Kind auf einem Dreirad fahren. Ich wagte nicht, an der Haustür zu klingeln. Was hätte ich als Grund meines Besuches vorbringen sollen? Ich bin mit Erfolg geprüfter Rechtskandidat, bereite mich auf den Referendardienst in der Justizverwaltung des Landes Hessen vor, möchte Dichter werden und erbitte Ihre Ratschläge. Ihre Werke und die von Thornton Wilder habe ich in der Bibliothek des Amerikahauses in Marburg/Lahn vollständig gelesen. Gern würde ich wie Sie schreiben. Versuche haben ergeben, daß mir das nicht gelingt. Meist werden die Texte kürzer.

Ich erwartete nicht, daß der große Autor mit mir reden würde. Sorgfältig verwaltete er seine Tages- und Lebenszeit. Mit einem Unbekannten würde er die Minuten nicht teilen. Meine Schwester wartete an der Straßenecke wie die Gefährtin eines Verbrechers, die Wache hält.

(Alexander Kluge: *Das fünfte Buch*, Berlin 2012, S. 150f.)

Rainer Stollmann: Eine Geschichte erzählt von dir als junger Mann, wie du um das Haus von Thomas Mann herum streifst und gerne so schreiben möchtest wie er. So sehr sich der junge Schriftsteller bemüht, es wird immer viel kürzer. Man könnte meinen, dass Länge oder Kürze von poetischen Texten eine Sache des individuellen Könnens oder Geschmacks wären. Nun hat Adorno über Anton von Webern geschrieben: »Mit den *Fünf Sätzen für Streichquartett* setzt ein, was die zweite Periode Weberns heißen mag: die der äußersten Kontraktion zu Kurzformen. [...] Die Intensität, mit der sie sich zum Punkt zusammenziehen, verleiht ihnen zugleich Totalität: der Seufzer wiegt, wie Schönberg bewunderte, den Roman auf, eine hochgespannte Geigenseite von drei Tönen buchstäblich die Symphonie.«[11] Das brachte mich auf den Gedanken, ob man so etwas wie eine »atonale Literatur« ins Auge fassen könnte, die ungefähr bei Kafka beginnt. Auch seine längeren Erzählungen sind ja keine Romane.

Alexander Kluge: Das ist eine Frage der Perspektivität. Es gibt eine Raumperspektive, es gibt eine Zeitperspektive. Die Raumperspektive ist seit der Renaissance gut entwickelt, auch in der Literatur, die Zeitperspektive weniger. Außerdem muss man die Produktionsebene von der Rezeptionsebene unterscheiden. Auf der Produktionsebene ergeben sich Länge und Kürze aus Folgendem:

Wenn ich den Oberschenkelhalsbruch meines Vaters beschreiben würde, dann wäre das wahrscheinlich eine lange Geschichte. Es geht um Details. Ich würde die Lampen beschreiben, die ungenügend den Gang zum Haus beleuchten, dann die Geschichte des Steins, über den er stolpert. Es geht nur um eine Sekunde. Aber sie korrespondiert mit langen Erfahrungen. Er war Theaterarzt und hat den Sängern beigebracht, wie man richtig fällt auf der Bühne. Für Zirkusartisten ist das Routine, aber für einen Kammersänger, der sich ganz anders konzentriert, ist das

11 Theodor W. Adorno: *Anton von Webern*, in: Musikalische Schriften I–III, Frankfurt a. M. 2003, S. 116f.

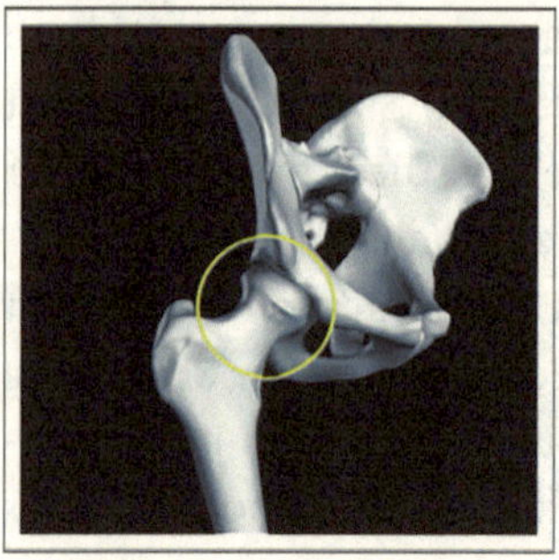

Oberschenkelhalsknochen. Die Schwachstelle. Einer weiß schon, dass er eines Tages stürzen wird, dann bricht dieser Knochen. »Gewalt des Zusammenhangs.«

nicht einfach. Er muss richtig fallen, auf den Po. Der Arzt lehrte die Schauspieler eine Pirouette zu machen, wenn sie fallen. Er selber machte aber in dem entscheidenden Moment diese Pirouette nicht. Lehrsatz und das eigene Handeln fallen auseinander. Fällt er auf die Hüfte, bricht er sich den Oberschenkelhals.

Jetzt bin ich schon bei einer der Schwachstellen des Menschen. Dazu gehört auch der Nacken, wo die Guillotine zuschlägt oder die Pistole schießt. Beim Oberschenkelhals ist der aufrechte Gang nicht so ganz gelungen, eine Spur der alten Vierbeinigkeit. Die Selektion hat da nicht gründlich genug gewirkt, das war offenbar nicht wichtig genug. Die Schwäche zeigt sich erst im Alter, aber dann ist die Zeugungsfähigkeit und damit die Evolution stark eingeschränkt. Du merkst, dies sind viele Zusammenhänge, die in einer Sekunde zusammenschießen. Das Ereignis ist kurz, die Beschreibung ist lang.

R. S.: Sie ist aber deshalb lang, weil du deinen Vater liebst.

A. K.: Den Leser muss aber mein Vater nicht besonders interessieren. Zwei Jahre später, nachdem er bettlägerig war, stirbt er. Vom öffentlichen Interesse her ist es kurz.

Auf der Rezeptionsebene würde ich es auch nicht ausdehnen wollen. Warum soll ich Fremden das ausgiebig erzählen? Aber in der Produktionsebene hat es all diese Zusammenhänge. Ich gieße diese Zusammenhänge nicht in einen Roman über meinen Vater, weil es furchtbar verschachtelte Erzählformen erzeugen würde. Ich erzähle das nacheinander, in getrennten Texten, und füge es aber in ein Buch ein.

R. S.: Der Oberschenkelhalsbruch deines Vaters motiviert dich zu einem Strauß von Geschichten, denen man das nicht mehr anmerkt?

A. K.: ... Tatsachen, Darstellungen, Evolutionsgeschichten und andere Zusammenhänge. Alle Texte, die mit dem Oberschenkelhalsbruch meines Vaters auf irgendeine Weise verknüpft sind, zusammengenommen, ergeben gut 100 Seiten. Also: kurzes Ereignis, lange Beschreibung, aber in kurzen Texten. Alles dieses und jenes finde ich zusammenhängend und bemerkenswert und erzählbar. Und dadurch ist die Erzählung im Grunde eine sehr lange Erzählung über das Ereignis.

R. S.: Das ist jetzt eine Zeitperspektive? Der Augenblick, in dem etwas Entscheidendes passiert, das dich sehr berührt?

A. K.: Und dazu gibt es den Gegenpol, die Evolution, die longue durée. Was vor einer halben Milliarde Jahre auf unserer Erde war, ist in irgendwelchen Knochengerüsten von uns oder in einem Element der Sinne, des Auges oder des Ohres enthalten, obwohl es damals nur Fliegen, sagen wir mal, gegeben hat, Saurier noch nicht. Das ist jetzt eine lange Perspektive, eine lange Zeit. Und die kannst du kurz erzählen, punktuell erzählen.

Ein schon vorhandenes Interesse am Sturz meines Vaters kann ich nicht voraussetzen. Was zu der Zeit in der DDR passiert, konkurriert damit, das Thema verliert sich in der Zeit. Ich würde mich in der Rezeptionsebene kurzfassen, weil es noch andere Themen gibt.

R. S.: Während Themen aus der Naturgeschichte sich durch nichts anderes stören lassen?

A. K.: Bei der Evolution kannst du in der Rezeptionsebene eine Stunde erzählen, das Thema bleibt bestehen, es wird nicht überlagert. Die Geschichte der Bundesrepublik ist unwichtig gegenüber der longue durée, der Evolution. Das ist ein Riese an Zeit und kann deswegen kurz erzählt werden und dann streuen. Wenn du eine Geschichte erzählst, wirst du nicht unruhig, weil du die andere nicht erzählt hast.

A. K.: Ich habe letzte Woche einen Film gemacht über Gewittertiere in der Antarktis, etwa 43 Millionen Jahre vor unserer Zeit. Zu der Zeit mutet die Antarktis fast tropisch an. Es sind ganz seltsame Tiere, die dort nicht mehr vorhanden sind, heute bis zu acht Kilometer unter dem Boden zu finden, und es ist noch mal die Eisschicht drüber. Jetzt kannst du erzählen, völlig unabhängig davon, dass diese Evolution so lang ist und du alle anderen Evolutionen in diesem Moment des Erzählens auslässt. Du hast also einen Grund, der aus dem Zusammenhang folgt, hier kurz zu erzählen. Und im anderen Fall, beim Oberschenkelhalsbruch, hast du einen Grund, es länger zu erzählen und zu verbinden mit etwas, was wichtiger ist als der Sturz eines einzelnen Menschen, auch wenn es mein Vater ist. Diese Dinge, die ich jetzt erzähle, kannst du beim Schreiben

Blitz- und Gewittertiere in der tropischen, permanent elektrisch aufgeladenen Antarktis vor 43 Millionen Jahren.

nur intuitiv machen. Man kann nicht wie ein Buchhalter an der Registrierkasse alle Gedanken im Voraus haben, sondern das ist eine Sache des Gefühls. Im Grunde kann jeder Mensch Geschichten erzählen, das ist eine natürliche Eigenschaft.

»KOMMENTAR ZUM TEXT MEINES LEBENS«

Dass ein Lebenslauf ein Text ist, daran habe ich keinen Zweifel. Es ist aber kein Text, der bereitliegt, in Worten festgehalten werden kann. Man müsste ihn umständlich rekonstruieren, und dann wäre er zu lang für einen Kommentar. Das Format der Kommentare verlangt kurze, feststehende Texte, Texte von Geltung, die den nachhaltigen Anbau von Ergänzungen, Notizen, Fortsetzungen, Fragmenten und Übersichten gestatten. Im Allgemeinen ist der Kommentar lang, der Text knapp. Ein Leben, gespiegelt von Erinnerungen und von Daten, enthält aber bereits dadurch langwierige Texte, dass beim Nacherzählen die Illusionen, Seitenwege, das, was unbeobachtet blieb, der Kürzung und dem Erzählfluss entgegenwirken. Alle Zuhörer würden davonlaufen, finge einer an, gründlich sein Leben zu erzählen.

(Alexander Kluge: Buch der Kommentare, S. 75)

R. S.: In einer Geschichte in diesem Buch heißt es am Schluss: Wenn einer seinen Lebenslauf erzählen würde, würden die anderen weglaufen, weil es langweilig würde. Das ist wirklich wahr, wenn man darüber nachdenkt.

A. K.: Du merkst, bei Länge und Kürze geht es nicht nur um Ästhetik oder Stil, oder Gemüt und Temperament. Eigentlich ist das eine Frage der Höflichkeit. Eine Geschichte, die nur wenig Allgemeingültigkeit hat, muss kurz sein, auch wenn es für den Menschen, von dem erzählt wird, um Leben und Tod geht. Das allmähliche Zuwachsen einer Wunde eines Schwerverwundeten bei Stalingrad dauert lange. Das könnte man detailreich beschreiben. Man könnte da Stiftersche Länge anwenden, als literarische Form wäre das nicht falsch.

R. S.: Aber es wäre unhöflich gegenüber jedem Leser, der gerade nicht bei Stalingrad verwundet wurde. Warum soll er sich da für die Zeitmaße des Heilungsprozesses interessieren? Obwohl der verwundete Körper sich für diese Zeitmaße sehr interessiert.

A. K.: Ich schreibe ja nicht für einen Körper, sondern für einen lebendigen Kopf. Diese materiellen, stofflichen Produktionsverhältnisse ergeben auf Sekunden und Sub-Sekunden genau, im Kopf des Komponisten, was Töne betrifft, und durch den Kopf des Literaten, was Worte betrifft, Länge oder Kürze.

Die Zeitperspektive kann ganz kurz und ganz lang sein. Der Blitz, der Schock bei Benjamin, oder die Qualität, die hier Adorno meint, die entsteht, wenn etwas dir ganz wichtig ist. Aber du hast entweder nicht genügend Material es zu beschreiben, oder es ist schwer zu erjagen. Aber auch wichtig ist: Der Rezipient will das so intensiv gar nicht wissen. Du erwähntest vorhin Thomas Mann. Wenn er etwa in den Buddenbrooks einen Hypochonder darstellt und jedes Mal in aller Länge dessen Empfindungen und Symptome erzählt, langweilt und ödet er seine Leser an. Dann ist das aber ein Schriftsteller. Er insistiert. Und davon gibt es mehrere, die das so machen. Eigentlich gehört es zur Originalität und dem literarischen Narzissmus. Jean Paul kann kurz und diszipliniert erzählen, aber oft breitet er sich auch hemmungslos aus.

Ein kunstvoller Satz von Thomas Mann:

»Ist es doch schlechthin der Luxus der Übersachlichkeit und der Scheinvorrang ehrenhalber der schönen Form, eingerechnet den hochherzig unbekümmerten Zeitverbrauch um ihretwillen, welche das menschlich Würdige, nämlich das mehr als Natürliche und also Gesittete eigentlich ausmachen.«
(Josephsroman, 1. Kapitel)

R. S.: Schon im Satzbau, es gibt Sätze, die vor lauter Binde- und Gedankenstrichen kein Ende finden. Da ist Rücksichtslosigkeit am Werke.

A. K.: Es gibt Zeitperspektiven, Raumperspektiven und Perspektiven des Zusammenhangs, das alles ist die Konstellation der Kraftfelder, der Aufmerksamkeit. Sie bestimmt als Selbstdisziplin, als Kontrolle die literarische Arbeit mit. Und wenn du dagegen verstößt, solltest du einen Grund haben.

Das sage ich nicht, weil ich so denke, sondern das ist in meinem Gemüt, in meinem Bleistift enthalten, das läuft sozusagen automatisch mit. Ich weiß einfach, dass schon mein Vater, dessen Mutter, alle Erzähler sind, oder meine Tante Martha oder meine Kinderfrau Magda Bügelsack. Als Kind höre ich jemandem zu. Die wussten alle in Halberstadt ganz genau, wie man spannend erzählt. Das geht vom Interesse des Rezipienten aus. Mein Vater erzählt mir als Kind eine Seeungeheuer-Geschichte, wie Riesenschlangen sich einem kleinen Boot nähern. Dieselbe Geschichte erzählt er am Stammtisch nicht ganz so phantastisch, da wird die Seeschlange zu einem britischen Kriegsschiff. Wenn ich mich recht erinnere, hat er mir die Seeschlange nicht allzu genau beschrieben, nichts von einem Gebiss oder einer Flosse gesagt. An dem Punkt setzt dann die kindliche Phantasie ein und stellt sich das Ungeheuer genauer vor. Würde er es präziser beschreiben, würde ich es mir nicht vorstellen. Es ist ein ganz komplexes Verhältnis, was Zeit und Kürze betrifft. Im Film wird es immer noch länger als in Worten: Reflexion, das Drehen, das Schneiden … Die stundenlangen Film-Sammlungen, *Früchte des Vertrauens,* oder der Film über den Ersten Weltkrieg, der wirklich zehn Stunden lang ist, die korrespondieren mit der Kürze. Es gibt keine Kürze an sich und keine Länge an sich.

R. S.: Du hast die Zeitperspektive aus dem Stoff entwickelt, verschiedene Stoffe erfordern unterschiedliche Perspektiven …

A. K.: … und gleichzeitig gibt es auf der Rezeptionsebene eine Aufmerksamkeitsreserve bei dem Zuhörer oder Leser. Wenn ich zum Beispiel jetzt in der Debatte über die Ukraine länger über Verdun erzähle, über Erschöpfungskriege, was ja durchaus eine Verbindung zur Aktualität hat, dann besteht die Gefahr, die Aufmerksamkeit zu stark zu strapazieren, dann bin ich unhöflich.

R. S.: Was man nicht machen sollte. Meine Frage war aber objektiv gerichtet. Gibt es nicht einen historischen Zwang zur Kürze?

A. K.: Aber absolut. Unter acht Milliarden Menschen relativiert sich das Ego. Man kann nicht mehr mit Fichte sagen, die Welt war nicht, bevor ich sie erschuf. Diesen Originalitätsfimmel, der Anfang des 19. Jahrhunderts aufbricht, sozusagen der subjektive Nationalismus, den kannst du heute nicht mehr zustande bringen. Das ist der eine Punkt. Der zweite Punkt: Der Erzähler Wirklichkeit ist der einfallsreichste, der vielfältigste, der jedes Menschen Erzählung, einschließlich der großen Erzählung von Joyce, noch einmal überlegen ist. Nur kann man ihn nicht festhalten. Er hat auch mehr Merkwürdigkeiten, mehr Wendungen. Er hat also mehr Romanstruktur, die man mit einem Insektenauge aus 100 Facetten, wie eine Libelle wahrnehmen könnte.

R. S.: Wir vereinfachen uns die Wirklichkeit. Im Straßenverkehr standen links Verkehrsschilder, andere Menschen, da eine hübsche Frau – das sind so Wahrnehmungen. Aber das ist, wenn man an Joyce denkt, nicht die Straßenszene.

A. K.: 180 Lebensläufe laufen da herum. Eine einzige Ecke am Times Square, ein Schusterladen unten, oben ein Kaufhaus, und ringsherum gingen schon 70 Millionen Menschen vorbei. Der Boden müsste eigentlich aufgeschürft sein von den Füßen. So wie in Rom, wo im Petersdom die Gläubigen knien und im Stein Abdrücke hinterlassen haben. Seltsamerweise sieht man aber nichts dergleichen, weil die Stadtverwaltung es immer wieder repariert hat. Und jetzt fängst du an, nur diese Ecke zu beschreiben. Jetzt wird die Geschichte automatisch ergiebig, lang, vielfältig, was den Raum verkürzt. Jetzt kannst du New York und die Vielfältigkeit von Menschen beschreiben. So wie du aber anfängst, mit Übersicht zu handeln, gehen dir in kurzer Zeit die Worte aus. Du hast für New York kein zusätzliches Wort. Wieder ist es so, dass aus den beiden Dingen – wem du's erzählst und was der Gegenstand ist –, also Respekt vor dem Objekt, dem Ding und Respekt vor den Menschen, denen du erzählst, die Erzählung geformt wird. Dies beides ist der innere Grund zum Erzählen.

R. S.: Stellst du dir beim Schreiben jemand konkretes vor, dem du erzählst?

A. K.: Mit Sicherheit nicht. Das ist eher ein Verhandeln, was würde meine Schwester, was würdest du sagen, was würde mein Vater sagen, meine Mutter? Meine Mutter winkt ab, wenn ich intensiv werde. Ich merke im Moment, ich komme zu sehr in die Richtung Habermas, ich führe mich auf als Theoretiker in einem literarischen Kontext. Dann geht bei mir eine Warnlampe an und signalisiert, das kannst du mit Oskar Negt machen, auch ein Buch darüber schreiben, aber in der Literatur kannst du das nicht machen. In einem Film wiederum wäre das so seltsam, dass ich es gerade wieder machen kann. Denn in der Montage mit Bildern entsteht eine enorme, kraftvolle Reibung, wenn man da so ein Hegel-Zitat einwirft – mit Habermas habe ich es noch nicht gemacht. Wie zwischen einem Es und einem Fis und noch einmal mit den Armen auf die Tasten, ein schriller Ton, aber mit Kraft. Wenn du das allerdings längere Zeit machst, langweilt man sich wiederum. Ein pausenloser Wechsel. Insofern stelle ich mir nicht Einzelmenschen vor, sondern von selbst kommen wechselnde Samples von Menschen zur Mitwirkung.

8

DAS »MATHEMATISCHE TIER«

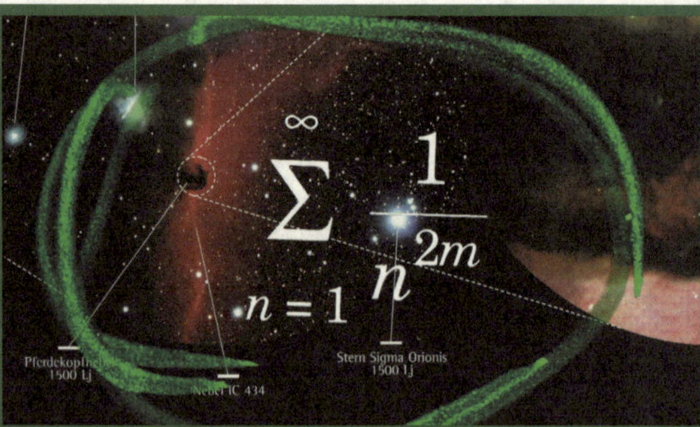

(Alexander Kluge, Buch der Kommentare, S. 252)

Alexander Kluge: Ich habe gerade viel mit Künstlicher Intelligenz und Bildern im Studio gearbeitet. Das ist neu. Ich habe gestern ein Foto eingegeben, meine Mutter im Schwangerschaftsbett, meine Schwester ist gerade geboren, sieht sehr grimmig aus. Ich sitze daneben, lustlos, weil ich als Kronprinz entthront bin, die Aufmerksamkeit gilt nicht mir. Zusätzlich speise ich ein: »Jonathan Meese«. Dadurch werden etwa vierzig Bilder von Meese aktiviert und ein Hintergrund, ein Grundrauschen von 68 Millionen Bildern. Die KI geht nur auf Einzelheiten. Sie versteht das Bild überhaupt nicht, sie hat keinen Gesamtblick wie wir. Wir sagen zum Beispiel: Der Blick ist mürrisch, oder: Sie blickt hoffnungsvoll. Wir können zusammenfassen und müssen nicht auf die Einzelheiten blicken. Die KI sieht aber: Die Haarfarbe ist fast schwarz in Schwarzweiß, die Lippen sind gekrümmt. Das alles schaukelt sich jetzt durcheinander, so dass plötzlich nach der achtzigsten Rechnung, das dauert nur 20 Sekunden, diese eigenartige Kamera, die eigentlich eine Kamera für imaginäre Räume, Geschichtsräume ist, sich etwas ganz Erstaunliches herausgemendelt hat. Da ist meine Mutter plötzlich ein Junge und ich bin eine junge Frau.

Rainer Stollmann: Gender nimmt die KI nicht wahr, das ist keine Einzelheit?

A. K.: Da muss man aufpassen, sie macht alles Mögliche, aber ein Huhn macht sie nicht aus uns, sondern sie arbeitet mit den Elementen, die sie vorfindet, wobei sie Einzelheiten gewissermaßen als Hauptsache nimmt. Das ist wie eine Gegenerzählung. Oder ich mische 50% mein Foto und 50% KI. Das ergibt eine sehr starke Brechung, die mit exzessiven Mengen von Durchschnittswerten und von Zufallswerten. Die Zufälle werden nicht auf einen Mittelwert reduziert, sondern gehen mit allen Extremen in das Ergebnis ein. Das ist das OPTISCHE UNBEWUSSTE bei einer Kamera. Sie zeigt, was war, und ich habe es gar nicht gesehen, weil mein Blick längst verallgemeinert hat und kein guter Diener des Bildes ist. Da kombiniert sich zusammenfassende Sinnlichkeit, Bilder machende Sinnlichkeit mit analytischer Sinnlichkeit, die sich kein Bild macht, sondern die Einzelheiten referiert.

R. S.: Die Kamera ist auf der analytischen Seite, die Masse der gespeicherten Bilder ergibt eine Kamera mit Gedächtnis.

A. K.: Zur Konfrontation unserer den Einzelheiten nicht günstigen Sinnlichkeit, die mit dem Rücken zum Unbewussten der Kamera steht. Das ergibt unerwartete Brüche, Differenzen. Du hast nach Derrida und Deleuze Differenz erzeugt.

R. S.: Das kommt deiner Methode, das Ganze neu zusammensetzen, sehr nahe. Das Ganze ist ja falsch zusammengesetzt, aber man muss es aus den Details, die es gibt, neu konstruieren.

A. K.: Das ist ein wunderbares Programm, eine gute Schulung. Die etwas strenge Schönbergsche Richtung oder aber die Alban Bergsche würden diese Methodik auf die Musik, auf die Schwingungswelt anwenden. NASA und ESA können Schwingungen des Planeten Uranus messen, wie dieser Riesenkörper die Raumzeit durchbricht, das können die ganz genau graphisch, in Zacken zeigen. Uranus unterscheidet sich vom Saturn, vom Jupiter, Merkur zwitschert, Pluto ist der interessanteste. Er hat einen wunderschönen Ton, den kann ich sieben Stunden hören, immerzu anders. Das ist meine neueste Lieblingsmusik. Darauf gekommen bin ich eigentlich nur durch Johannes Kepler, aber der hält sich an die Geometrie. In Wirklichkeit ist es komplexer, die Planeten haben einen individuellen Klang. So etwas zu suchen und zu finden, das ist alles Kameraarbeit. Das ist das, was die junge Filmkunst gut konnte. Die Sprache mit ihren Metaphern – wo ist denn »am Fuß des Berges« genau?, ein Fuß ist es auch nicht – kann das nicht. Die Sprache produziert ein anderes Ungefähr als die KI das macht, die wie verrückt rechnet. So wie ein Pferd verrückt wird, wenn es Angst bekommt und zur Attacke übergeht und nicht flieht, sondern auf die Kanonenkugel zureitet. Die künstliche Intelligenz ist wie ein Tier, ein hochsensibles, hoch befähigtes Tier, das immer nur rechnet.

R. S.: Ein Kollege hier aus der Bremer Informatik behauptet, künstliche Intelligenz gibt es nicht. Er reserviert den Begriff Intelligenz für den Menschen.

A. K.: Das ist ja nicht falsch, wenn du unsere Intelligenz meinst. Aber das Ohr nimmt 360 Unterschiede in der Sekunde wahr. Das Ohr kann zweifellos nicht denken. Trotzdem ist Hören ein Teil unserer Intelligenz. Das Ohr regelt oder bedeutet die wahrgenommenen Differenzen nicht, egal, ob es das Quietschen einer Straßenbahn wahrnimmt oder Mozart. Dafür braucht es die Hilfe ganzer Hirnareale und von Traditionen und Zeitabläufen von 400 Jahren.

R. S.: Dagegen ist die KI eine Maschine, die bloß rechnet. Aber Leibniz sagt, alle Tiere und alle Lebewesen sind organische Maschinen.

A. K.: Damit meint er aber nichts Mechanisches, sondern sie sind monadisch, ganz in sich ruhend, eigenständig, voller Widerstand und gleichzeitig mathematisch ganz durch Allgemeinheiten regiert. Und damit hättest du sozusagen die nominalistische Ebene. Das ist die Mathematik bei ihm oder der liebe Gott. Das andere ist das Organische, das du ja nicht mit Rechenkunst verbessern kannst. Intelligenz, wie wir sie, mit deines Freundes Zustimmung wahrscheinlich, definieren können, ist ein Dazwischen, eine Aktion. Du kannst die ganze Intelligenz in deinem Kopf tragen und nicht anwenden, sogar lebenslänglich. Ein typischer Gelehrter und Humanist, 1935, sagt, ich bin Schulpforta, da gehe ich nicht in die USA. Der wird überrascht sein, dass er plötzlich gleichgeschaltet ist und Schulpforta ist eine Napola-Anstalt. Jetzt muss er doch in die USA.

9

FORMFRAGEN I: KOMMENTAR / HYPERTEXT

Rainer Stollmann: Unser Siegener Kollege Georg Stanitzek hat deine Arbeitsweise mit den Begriffen »Hypertext« und »Kommentar« beschrieben.

Alexander Kluge: Er hat mich zwei Mal völlig überrascht. Einmal hat er alle Elefanten zusammengetragen, die bei mir vorkommen, und das zweite Mal mit seinem Text »Über den Kommentar«. Zu einem Zeitpunkt, als für mich der Begriff des Kommentars noch gar nicht im Zentrum stand, hat er ihn als Grundform des Textes bestimmt, und zwar mit einer wohltuenden Klarheit, die die eigene Arbeit gar nicht hat.

Die klassische Gewohnheit Begriffe zu bilden, der wir seit dem 17. Jahrhundert folgen, macht sich zuerst eine Übersicht, nimmt den so gewonnenen Begriff als etwas Allgemeines und lässt alles Unpassende weg, die 13. Fee wird ausgesperrt. Mit dieser Abstraktion hantiert man, der Algorithmus ist davon die Zuspitzung.

Stanitzeks Methode ist gewissermaßen antialgorithmisch. Er entwickelt den Begriff aus lauter Besonderheiten, auch noch ein paar Einzelheiten, dann bekommt man einen Umriss. Das hat mich verblüfft. Antialgorithmisch heißt nicht, dass ich Algorithmen ablehne, Befehle an Maschinen oder Soldaten müssen immer abgekürzt sein. Aber umgekehrt sind Börsengeschäfte, Eroberung fremder Länder, Tauschverhältnisse kulminieren lassen, Produktion anstacheln oder wegwerfen nicht die wirklichen Aufgaben von Menschen. Ein Kind zeugen, einen Baum pflanzen, ein Haus bauen – dazu brauchst du ganz andere Eigenschaften. Den Baum schaffst du ganz aus Besonderem.

R. S.: Aus dem Samen ergibt sich kein Überblick über den späteren Baum. Jeder Baum ist ein besonderer Baum, egal wie viele andere Bäume seiner Art es noch geben mag. Er entsteht aus lauter Besonderheit und entwickelt dann bis zur Spitze seiner Äste wiederum Besonderheiten. Er ist umlagert durch Moos und allem Möglichen, was an das Wurzelwerk angrenzt, Pilzen und winziges Getier im Boden, das alles aus Einzelheit und Besonderheit besteht. Wenn ich jetzt sage »Wald«, dann habe ich im Grunde etwas Unbestimmtes darüber gesagt.

A. K.: In der Ausdrucksweise des Kommentars müsste ich zusammentragen, was alles Wald sein kann. Wenn wir beide das jetzt täten und ein Wortfeld für Wald entwickelten, dann würden wir Erkundigungen einziehen müssen, weil wir nicht alle Arten von Wald kennen, den norwegischen Wald, der kleiner wächst, je nördlicher er ist …

R. S.: … Laubwald, Mischwald, Nadelwald, Holzindustrie, Regenwald …

A. K.: … Tundra, Tannenwald. Tannenwald kennen wir gut, Kiefernwald kann ich dir gut beschreiben. Aber andere Arten der Wälder und z. B. das Wurzelwerk in Brasilien in der Nähe des Amazonas, davon wissen wir nichts. Bedichten kann ich das alles auch ohne es wirklich zu kennen. Und vernünftig darüber reden, die Wälder sind CO_2-Speicher, man muss sie schützen, das kann ich auch. Das ist alles abstrakt, da brauche ich keine Konkretionen, wenigstens nicht im ersten Moment.

Aber nimm mal einen Menschen, der im Wald und vom Wald lebt am Amazonas, dann als zweiten Typus einen Förster, der mitteleuropäische Wälder nach ganz anderen Gesichtspunkten pflegt und verwaltet, und dann den Politiker, der im Parlament darüber spricht, wo das Holz verbaut ist, das aber keineswegs dort wächst. Von dieser Abstraktionsstufe gibt es noch den europäischen Abglanz in Brüssel und dann zwei Diplomaten zwischen Europa und China, die über dieselben Bäume reden. Dann hättest du eine hohe Stufung der Abstraktion.

R. S.: Und der Kommentar wäre das Bemühen, die Exklusionen der Abstraktionen zu vermeiden, nicht wahr? Tun das die herkömmlichen literarischen Formen denn nicht auch schon?

A. K.: Die Feier einer lebenslangen Treuebeziehung wäre ein lyrischer Stoff. Adornos Artikel *Constanze* in den Minima Moralia ist eigentlich Lyrik. Wenn die wetterwendische Libido gehütet werden kann, dass Philemon und Baucis oder Teddy und Gretel Adorno zusammenhalten, dann ist das sozusagen Constanze. Es hätte aber die Folge, dass Philemon und Baucis eine eiserne, verschweißte Gemeinschaft darstellen, größere Operationen nicht in Betracht kommen. Denn die Treue und die Ausschließlichkeit einer Zweier-Beziehung saugt die Energie an, wo man stattdessen fast die Energie eines Don Giovanni braucht, der über die Gruppe streut. Der geübte Schwängerer, der 26 Genossinnen schwängert, wenn die anderen kämpfen, er hat das noch als Abstammung aus dem portugiesischen Adel, auch aus dem jus primae noctis seiner Vorfahren, der hat trotz allem ein Moment der neuen Solidarität, die Aneignung dessen, was die neuen Sirenen an Subjektivität aus dem Menschen heraus in ihre Verfügungsmacht bringen.

Constanze. *– Überall besteht die bürgerliche Gesellschaft auf der Anstrengung des Willens; nur die Liebe soll unwillkürlich sein, reine Unmittelbarkeit des Gefühls. In der Sehnsucht danach, die den Dispens von der Arbeit meint, transzendiert die bürgerliche Idee von Liebe die bürgerliche Gesellschaft. Aber indem sie das Wahre unvermittelt im allgemeinen Unwahren aufrichtet, verkehrt sie jenes in dieses. Nicht bloß, daß das reine Gefühl, soweit es im ökonomisch determinierten System noch möglich ist, eben damit gesellschaftlich zum Alibi für die Herrschaft des Interesses wird und eine Humanität bezeugt, die nicht existiert. Sondern die Unwillkürlichkeit von Liebe selber, auch wo sie nicht vorweg praktisch eingerichtet ist, trägt zu jenem Ganzen bei, sobald sie sich als Prinzip etabliert. Soll Liebe in der Gesellschaft eine bessere vorstellen, so vermag sie es nicht als friedliche Enklave, sondern nur im bewußten Widerstand. Der jedoch fordert eben jenes Moment von Willkür, das die Bürger, denen Liebe nie natürlich genug sein kann, ihr verbieten. Lieben heißt fähig sein, die Unmittelbarkeit sich nicht verkümmern zu lassen vom allgegenwärtigen Druck der Vermittlung, von der Ökonomie, und in solcher Treue wird sie vermittelt in sich selber, hartnäckiger Gegendruck. Nur der liebt, wer die Kraft hat, an der Liebe festzuhalten. Wenn der gesellschaftliche Vorteil, sublimiert, noch die sexuelle Triebregung vorformt, durch tausend Schattierungen des von der Ordnung Bestätigten bald diesen bald jenen spontan als attraktiv erscheinen läßt, dann widersetzt dem sich die einmal gefaßte Neigung, indem sie ausharrt, wo die Schwerkraft der Gesellschaft, vor aller Intrige, die dann regelmäßig von jener in den Dienst genommen wird, es nicht will. Es ist die Probe aufs Gefühl, ob es übers Gefühl hinausgeht durch Dauer, wäre es auch selbst als Obsession. Jene aber,* *die, unterm Schein der unreflektierten Spontaneität und stolz auf die vorgebliche Aufrichtigkeit, sich ganz und gar dem überläßt, was sie für die Stimme des Herzens hält, und wegläuft, sobald sie jene Stimme nicht mehr zu vernehmen meint, ist in solcher souveränen Unabhängigkeit gerade das Werkzeug der Gesellschaft. Passiv, ohne es zu wissen, registriert sie die Zahlen, die in der Roulette der Interessen je herauskommen. Indem sie den Geliebten verrät, verrät sie sich selber. Der Befehl zur Treue, den die Gesellschaft erteilt, ist Mittel zur Unfreiheit, aber nur durch Treue vollbringt Freiheit Insubordination gegen den Befehl der Gesellschaft.*

(Theodor W. Adorno: Minima Moralia, Frankfurt a. M. 1973, Nr. 110)

Ein Leninist des Gefühls

Mario G. aus dem Süden Portugals war 1967 in der studentischen Protestbewegung Frankfurts mitgelaufen. Bei allen wichtigen Sit-ins, abends in den Lokalen, bei den Straßenkämpfen war er dabei. Nachträglich betrachtet, bestand sein Beitrag darin, 26 Genossinnen geschwängert zu haben. Er entzog sich jeder Unterhaltszahlung. Wie es zu diesem subjektivistischen Erfolg kam, was ihn »instinktiv«, willentlich oder aufgrund einer ungewöhnlichen Charakterdisposition zu diesem ausgreifenden Verhalten brachte, kann nicht mehr festgestellt werden. Er wurde noch vor Ausbruch der portugiesischen Revolution in Portugiesisch-Guinea standrechtlich erschossen. Seine Familie, die ihn zum Studium nach Frankfurt entsandt hatte, war von Adel. Er hatte in gefährlichen Zeiten, im Sinne einer evolutionär günstigen Ausbreitung seiner Gene, sein Leben inflationiert, 26 persönliche Parallel-Universen erzeugt, von denen das eine offenbar nichts vom anderen wußte. Hans Dieter Müller bezeichnet ihn in seinen Notizen zum Jahr 1967 als »Bio-Bolschewist«. (A. K.)

R. S.: Benjamins Figur des Flaneurs ist schon so ein Absprung in eine Vielfalt, aber eine unbestimmte. Er sucht nicht wie Tristan eine Isolde und besäuft sich mit dem Liebestrank. Er geht in die Weite. Der Blick, den die Passantin auf eine Sekunde mit ihm wechselt, führt aber zu gar nichts, nicht zu Kindern, zu Individualität, nicht zu Eigentumsbildung.

A. K.: Der Lyriker ist nicht unmöglich, aber die Lyrik verzichtet auf eine ganze Menge Praxis. Lyrik gilt nicht geringer, sondern bildet eine Welle unter vielen, reicht aber nicht aus. Jetzt könnten wir für die Dramatik das gleiche machen.

R. S.: Für die Dramatik erscheint mir das am ehesten verständlich, denn die ist auf die verhunzteste Weise im Fernsehen, in Krimis usw. vorhanden.

A. K.: Ja, weil sie zum Suspense, also zur Aufhebung des Interesses an der Einzelheit benutzt wird. Wer interessiert sich schon fürs Wetter, eine schöne Wetteraufnahme, wenn es um die sogenannten Täter geht. Die Kamera kann eine Wetteraufnahme besser aufnehmen. Täter findet eine Kamera nicht, man muss also das Ganze zuquasseln. Musik kommt im Krimi nach meiner Kenntnis nicht vor.

R. S.: Nur als Sklavin der Spannung.

A. K.: Ja. In *Mackie Messer* hättest du sie mal, aber das ist kein Krimi. Einen Investigationsfilm, der nach einem Täter forscht, nach einer Wirklichkeit forscht, nach einer Untat forscht, mit Musik als Vehikel, das wäre einen Versuch wert, aber geben tut's das nicht. Das Kriminelle bildet in der Oper nur ein Partikel. *Lulu* wird gemordet, aber das ist eine Nebensache.

R. S.: Bei *Wozzeck* ist das Kriminalistische ausgeblendet.

Die Grauwerte an einem Herbsttag zwischen 17 und 19 Uhr haben mich zeitlebens immer wieder berührt. Im Spätherbst gibt es die interessantesten Lichtverhältnisse, und die sind hoch riskant. Jede halbe Minute ändert sich das Licht. Eigentlich müsste man die Kamera nachjustieren. Aber diese Grauwerte-Orgie verführt zum Festhalten. In solchen Momenten kommt dieser Windstoß von der Seite. Ich kann nichts tun, ich hab's immer versucht. Ich kann das Filmteam nicht herumreißen das aufzunehmen: den ersten Windstoß des Winters, die Ankunft des Winters während der Dreharbeiten. Das habe ich nie einfangen können. Darüber würde ich zum Beispiel unbegrenzte Zeit Filme edieren. Im Frühling wiederholt sich das nicht. Der Frühling kommt stockend, ein Stück im Februar, dann wird es kurz wieder kalt, dann kommt im März eine richtige Anheizung zur Blüte für die Blumen und alles wächst. Dann kommt noch mal eine hässliche Kältewelle und dann Aprilwetter. Der Mai ist nie wonniglich, es ist ein besonders nasser Monat, der ist schrecklich. Die »kalte Sophie« ist erzählenswert, das sagt dir jeder Bauer. Aber die Lyrik seit der Renaissance beschreibt das ganz anders, der laue Mai usw. Der ist aber längst gewesen in einem Stück vom März, der nicht einheitlich war.

So wäre der Frühling beschreibbar. Das wird in der Erzählung ziemlich lang, wenn man diese Erfahrungen einfangen will. Beim Herbst ist es rabiat, die Tiefausläufer kommen plötzlich. Das Wetter dreht sich über uns, es kommt nicht frontal auf dich zu. Die Plötzlichkeit ergibt sich durch die Drehbewegung des Tiefs. Das Ereignis wäre wieder kurz wie der Oberschenkelhalsbruch und die Beschreibung lang, der Rezeptionsweg zum Zuschauer wieder kurz. Ihm kann ich gar nicht anbieten, was ich da aufgenommen habe.
Mir ist es zeitlebens nicht gelungen, auch nur eine halbe Minute dieses Geschehens wirklich einzufangen, obwohl ich es darauf angelegt habe. Aber ich hab's jedes Mal erlebt, meine Augen haben es gesehen.

(A. K.)

A. K.: Auf jeden Fall ist es nicht die emotionale Hauptsache, sondern der Ehebruch, der Verlust, die Depravierung. Der Täter steht von Anfang an fest. Das wäre wirklich eine alberne Sache, das werde ich mal machen, einen Polizisten einführen in »Wozzeck« von Alban Berg oder von Büchner. Was der da soll, wüsste keiner. Denn wer der Täter ist, ist die unwichtigste Frage, das weiß man.

R. S.: Das ist übrigens bei den besseren Krimis auch der Fall. Bei Patricia Highsmith spielt die Polizei keine Rolle, sondern der Täter steht im Mittelpunkt.

A. K.: Ja, dann ist aber der Krimi wieder epischer Natur. Wenn man sich wirklich freut, wie der Detektiv frühstückt und wie er jemand ausspäht. Es gibt eine Szene in einem ganz trivialen Krimi amerikanischer Bauart, wo der Detektiv den ganzen Tag in New York einem verdächtigen Fahrzeug hinterherfährt. Er findet keinen Täter, verliert das Fahrzeug auch nicht aus dem Auge und sieht den ganzen Tag New York. Da ist der Krimi Vorwand für ein episches Verfahren, sehr kunstreich. Epik ist noch das Lebendigste und mit der Kommentarform sehr verwandt, aber weniger als der Kommentar auf Übersichten und Suche angelegt. Der epische Bericht sucht ja nicht.

R. S.: Nun spricht Stanitzek auch von »Hypertext«.

A. K.: Jetzt müsstest du mir, was ein Hypertext ist, auch erst erklären.

R. S.: Für den Hausgebrauch könnte man sagen, die Wikipedia ist ein sympathischer Hypertext, obwohl das nicht ganz richtig ist, weil ihr ja der originäre Hypertext HTML (Hypertext Markup Language) zugrunde liegt. Aber die Wikipedia hat ebenfalls keine lineare Struktur, keiner kann sie von vorn bis hinten lesen. Sie ist völlig disproportional, gedruckt wäre sie ein Monster mit vermutlich einem starken Übergewicht an Artikeln über die digitale Welt. Sie verweist permanent auf eigene und fremde Texte, Bilder und Filme.

A. K.: So dass es gewissermaßen zwei Ebenen sind: Die Texte, die wir jetzt sprechen, wenn wir hier vormittags miteinander reden, sind verwandt mit den Texten, die ich als Kind in der Schulpause rede, die wiederum verwandt sind mit der gesamten Welt der Mündlichkeit. Und dann noch die geschriebenen Texte, die eine zweite Welt bilden. Von denen sagt Adorno, die Literatur ist mit Marcel Proust zu Ende geschrieben. Was man danach schreibt, wäre dann ein Verkehr zwischen schon Formuliertem, das ist der Hypertext, richtig?

R. S.: Ja.

A. K.: So dass in der zweiten Natur jetzt noch einmal der Umgang mit der Sprache stattfindet. Wie ist das jetzt mit der Mündlichkeit im Hypertext? Kommt die darin noch vor?

R. S.: Nun übt ein Universallexikon wie die Wikipedia einen sanften Druck aus, als Leser selber produktiv zu sein. Du musst selbst entscheiden, ob du ein Video anschaust, auf das verlinkt wird, ob du zu einem anderen Stichwort wechselst, weil du die Information brauchst usw. Du hast zwangsläufig ein lebendiges Moment beim Lesen präsent, das in einem linearen Roman nicht gefordert wird.

Autonomie des Tonfalls

Vortrag auf einem Linguistenkongress. Der Redner schließt: »Und so bedeutet die doppelte Verneinung in jeder Sprache der Welt entweder eine Bejahung oder eine Verstärkung der Verneinung. Die doppelte Bejahung hingegen bedeutet niemals eine Verneinung.
Da ertönt es aus dem Publikum: »Jaja ...«

A. K.: Und das geht doch übers Ohr und den Mund und die Formulierung, das ist dann schon wieder wie Rede, die ich innerlich mache, während ich Wikipedia verarbeite.

R. S.: Ja. Wenn Sokrates keine Bücher schreiben will, dann deshalb, weil zur Wahrheit ein lebendiges Moment gehört. Plato versucht das aufzuheben, indem er Dialoge schreibt, und bei Max Horkheimer heißt es schließlich, das Wichtigste an einer Theorie, fast noch wichtiger als die Wahrheit, die ja immer zeitgebunden, relativ und eine

Teilwahrheit ist, sei die Lebendigkeit. Wenn wir Theorie einmal fassen als Suche nach Orientierung, dann könnte man »Kommentar« oder »Hypertext« verstehen als die zeitgemäße, moderne Form, dieses unabdingbare Element aufzubewahren, zu fördern.

A. K.: Jawohl. Das macht mir ein bisschen deutlicher, was ich eigentlich meine. Ich schreibe ja immer weiter an dem Buch und erst später stellt sich mir die Frage, was ist eigentlich mit dem Wort Kommentar Genaues von mir gemeint. Das Wort ist ein großer Attraktor für mich. Durch Gebrauch wird er jetzt erst zu einem richtigen Suchbegriff.

R. S.: Über die Etymologie von »Kommentar« habe ich nichts Verlässliches gefunden.

A. K.: Es gibt die Einzahl im Lateinischen nicht, das heißt immer *commentarii*. Also die *commentarii* des Caesar, die *commentarii* des Sulla. Anfangs ist das eine Aufzeichnung ähnlich einem Tagebuch, oder auch einem Rechenschaftsbericht. Eine Stadt macht *commentarii* und berichtet, was in dem Jahr eingenommen und ausgegeben wurde. Also das Wort *mens* scheint mir darin zu stecken.

R. S.: Das habe ich auch vermutet, *cum* und *mens*, also Mit-Denken, Mit-Fühlen. Aber darauf habe ich keinen Hinweis gefunden.

A. K.: Mit dem Ende *-tare* ist ein Aktivitätszeichen darin. Der griechische Ausdruck ist *hypo naemata*. Da taucht das Hyper von Hypertext auf. *Naeme* ist das Erinnerungsvermögen, die Gedächtnisstütze, eine bearbeitete Gedächtnisstütze. Wenn einer einen Vortrag halten will und sich Notizen gemacht hat, das sind auch *commentarii.* Darin ist die Bewegung des Sammelns. Ähnlich wie im Wort *gesta*, das sind die Taten. Dann gibt's den Tatbericht mit demselben Wort: *gesta romanorum* oder die *gesta* einer bestimmten Stadt. Wir würden heute sagen: Chronik. Im Mittelalter schreibt der Stadtschreiber eine Stadt-Chronik. Ein Römer würde sagen, das sind die *gesta*, die berichten über die Geschehnisse. Das alles ist verwandt und wird fast gleichermaßen gebraucht wie das Wort *commentarii.* Sammelbewegungen, Suchbewegungen, Erinnerungsstütze, also Memorierverfahren, auch eine Berichtsform, eine Ergänzungsform, und dann eine Integrationsform.

Das ist der Moment, der bei Habermas vorkommt. Die Kommentatoren, das ist eine wissenschaftliche, juristische Schule in Italien, die im 10. und 11. Jahrhundert – also 1090, 1110 – damit beginnt, die Arbeit der Glossaristen zu erweitern; das sind Juristen, die an dem Codex Justinianus, also einem Zivilrecht, Anmerkungen anbringen. An sich ist es verboten durch den Kaiser, der den Codex Justinianus errichtete. Das Debattieren und Erweitern des Rechts sollte damit aufhören. Endlich mal ist das Recht fest, fix.

R. S.: Wie bei der Bibel …

A. K.: … eigentlich wie bei der Bibel, ja. Wie die Testamente meinetwegen auch. Dass jede Gemeinde sich ihr Evangelium macht, hört auf.

R. S.: Die Engländer haben so was ja nicht.

A. K.: Nein, die machen es genau umgekehrt. Die haben natürlich auch das Zivilrecht rezipiert, aber nur als Interpretationshilfe. In Italien praktizieren die Städte aber ein anderes Recht, als es im Römischen Recht steht. Aus dem Zivilrecht haben sich Gewohnheiten, Handelsregeln, Abweichungen entwickelt, so dass man zwei Rechtsprechungen hat, die strenge nach dem Codex Justinianus, der aber nirgends als Gesetz in Kraft steht und die tatsächliche Praxis an der Basis. Diese Diskrepanz beheben die Kommentatoren. Sie kommentieren den Codex Justinianus und helfen damit dem elaborierten juristischen Denken wieder zur Geltung.

Ich muss da einen Moment ausholen. Ein römischer Kaiser hat seinen Ruhm, seine Tugend, seine Potenz darin, dass er erstens Bürgerkriege verhindert, zweitens Straßen baut, drittens Rechtsgutachten macht. Er trifft keine einzelne Entscheidung. Um ihn herum sind Juristen, Berater, oft Leibeigene oder Freigelassene, auch Griechen. Wenn er ein Urteil verkündet, wird das nicht sofort exekutiert, nicht einmal im Fall der Todesstrafe. Das würde ein Praetor machen oder ein Quaestor, das heißt, die Anwendung im Einzelfall ist nicht Sache des Kaisers. Aber die großen Rechtsgutachten werden von ihm in Auftrag gegeben. Der berühmteste Rechtsgutachter ist Ulpian (gestorben 223 n.Chr.), Befehlshaber der Kaisergarde, dessen Texte in den Codex Justinian im Jahre 528 eingingen.

Es gibt dann eine Kette von Rezeptionen dieses Römischen Rechts in Deutschland seit dem 10. Jahrhundert, bis es von Savigny (1779–1861) und der Berliner Universität in Deutschland institutionalisiert wurde.

Mich hat verblüfft bei Habermas, dass er dem seine Aufmerksamkeit, auch philosophisch, widmet. Er hat die Kommentatoren eigentlich wiederentdeckt. Das sind aber die Begründer der Universität Bologna, das ist die Kaiseruniversität. Da reist der Kaiser Barbarossa 1158 mit tausend

Rittern heran, lagert vor der Stadt und gibt der Universität bestimmte Rechte. Zeitgleich gibt's dann aber von der Theologie her ebenfalls eine Welt der Rezeptionen. Die Antike wird über arabische Quellen rezipiert, und nach einer Kette von Universitätsstreiks und einem großen Exodus in Paris, in dem alle Lehr- und Lernkräfte auswandern und erst mühselig wieder zurückgeholt werden, verkündet der Papst, der selber Pariser Scholastiker ist, in einer Bulle diese Freiheit auf ewig. Wissenschaftler haben das Recht zu studieren, sie haben das Recht die Universität zu verlassen auf eigenes Risiko, niemand darf sie unterwegs behindern oder erschlagen. Das ist der Kern der Universitätsfreiheit, d.h. des freien Denkens, von dem dann noch Kant zehrt.

R.S.: Und all das geht sozusagen auf die Keimzelle des Kommentars zurück?

A.K.: Es gibt da eine Metapher für mich. Ob sie wahr ist oder nicht, ob sie wikipediafähig ist, weiß ich nicht. Aber man sagt, dass aus der Vorrede zur Ethik von Aristoteles ein paar verstümmelte Fragmente über Cordoba in arabischer Übersetzung nach Paris kommen. Und der Scholastikus in Paris, angeblich war das Abelard, kommentiert diese 17 Bruchstücke des Aristoteles, indem er die *sic et non*-Methode, die erste dialektische Methode, entwickelt. Deren Qualität wird nicht danach beurteilt, was ich behaupte oder suche oder hinterher beantworte, sondern wie gründlich meine Suche auf dem Gegenpol war. Wie ein guter Gegneranwalt, muss ich alle Gegenargumente finden und durcharbeiten. Damit habe ich mich ausgewiesen. Und so schreibt Abelard zu diesen 17 Bruchstücken 26 Bände Kommentar.

10

INTELLIGENZ, AUFMERKSAMKEITS-KAPITALISMUS

Rainer Stollmann: Kommentar und Geistesfreiheit hängen eng zusammen. Kommentar ist ein besonderer und lebendiger Umgang mit der Tradition. Ich möchte aber einmal in dem Zusammenhang noch eine andere Perspektive zur Sprache bringen, die ich aus dem »Eulenspiegel« kenne oder erschließe. Denn der Begriff »Advokat« war im Hoch- und Spätmittelalter im Volk ein Schimpfwort. Und zwar deshalb, weil in den Händen vor allem der kirchlichen Juristen das römische Recht zur Enteignung der des Lesens und Schreibens unkundigen Bauern diente.

ALPHABETISIERUNG UND STUDIUM MIT DEM ZIEL DER SELBSTVERGEWISSERUNG, DER BESTANDSAUFNAHME

Mit zweihundert seiner Ritter reitet der Feudalherr und Oheim Friedrich Barbarossas, Otto von Freising, nach Mittelfrankreich. Die Rotte richtet sich gegen reiche Zahlung in einer Klosterschule bei Paris auf zwei Jahre ein. Sie lernen Latein sprechen von Grund auf. Anschließend besucht der wissensdurstige Pulk für zwei weitere Jahre eine Kathedralschule. Diese Schule wurde später zum Kern der Universität Paris, der frühesten der Universitätsgründungen des 12. Jahrhunderts. Nach dem Studium sah sich Otto in der Lage, eine Weltgeschichte zu schreiben. »Selbstvergewisserung«. Inbesitznahme von Realität ist das Ziel der Studien.

Der Autor entwickelte die Zeitmaße, die für die Besitzverhältnisse, die Eroberungen seiner Familie – der Babenberger, der Waiblinger und der Staufer – angemessen waren. Nicht in kurzer Zeit wurde alles zusammengeraubt, sondern auf der langen Strecke von Babylon bis heute, unter Einschluss biblischer Daten. So wurden »die Besitztümer mit Gottes

Hilfe erworben«. In dieser Periode besteht die historische Zeit noch aus Reden, dem, was einer vom anderen gehört hat, dem, was eine Generation der anderen ungenau überliefert. Ereignisse, die älter als 30 Jahre sind, bilden den Horizont. Das umfasst die Zeitspanne einer »Ersitzung«: des gewohnheitsrechtlichen Erwerbs eines Besitzes auf Dauer, ohne dass nach Rechtsgründen gefragt werden kann. Eine solche Überlieferung reicht aber nicht aus, den quasi »unermesslichen« Reichtum der hohen Adelsgeschlechter zu erklären. Sie erscheinen als Usurpatoren, es sei denn, es gäbe eine Weltgeschichte, in der die Verläufe des ordnungsgemäßen Erwerbs dokumentiert wären. Die Chronik des Otto von Freising reicht weit genug in die Urzeit zurück. »Selbstvergewisserung ist wie Landnahme.«

(Alexander Kluge: Buch der Kommentare, S. 233f.)

Ein französisches Sprichwort lautet: »Je näher das Kloster, desto ärmer der Bauer.« Deutschland wurde, etwas übertrieben ausgedrückt, seit dem 13. Jahrhundert neu verteilt. Die Advokaten haben Urkunden gefälscht, die sie in einem günstigen Augenblick, wenn die Dorfbewohner schwach waren, präsentierten, und plötzlich stellte sich heraus, dass Karl der Große dieses Dorf schon vor 500 Jahren unter die Herrschaft des Klosters oder des nächsten Grafen oder Burgherrn gestellt hatte. Solche massenhaften Erfahrungen führten dann mit zum Bauernkrieg.

Alexander Kluge: Das heißt, die Intelligenz emanzipiert sich auf eine selbstbewusste Art im 11. Jahrhundert, lernt aber eigentlich nur Advokat zu sein. Es gibt hier die Geschichte von Otto von Freising (1112–1158), also dem Onkel von

Barbarossa, der als Analphabet mit zweihundert anderen analphabetischen Rittern nach Frankreich zieht, bei Abelard Latein lernt, studiert und dann eine Weltgeschichte schreibt, in der auf natürliche Weise alle Besitztümer der Waiblinger, Staufer und Babenberger, das sind die drei Adelsgeschlechter, aus denen er stammt, wenigstens Zeit gewinnen, um erworben worden zu sein.

R. S.: Das wäre ein konkretes Beispiel von Advokatur.

A. K.: Besitzergreifung begleitet das Denken. Die Emanzipation geht nicht weiter, sondern bleibt ständisch. Advokaten werden bezahlt, und der Stadtjurist dient der Eroberung auf dem Schriftwege.

R. S.: Das ist ja eine sehr abenteuerliche Geschichte von Otto von Freising. Man weiß darüber wahrscheinlich nicht viel mehr? Ob er mit reinem Herzen aufgebrochen ist, voller Lerneifer, und erst dann bemerkt hat, was er mit dem Wissen anfangen kann, oder ob er gleich mit Besitzgier nach Paris gefahren ist, oder ob seine Verwandten ihn dazu abgerichtet haben, nicht Ritter zu werden und Raubgraf, sondern eben ein Schriftgelehrter?

A. K.: Das weiß man nicht so genau. Aber er und Barbarossa haben eine gemeinsame Großmutter. Herzeloyde schickt den Parsifal aus, er soll kein Ritter werden, er soll nicht so werden wie sein Vater. Es gibt andere Mütter, die sagen, du sollst so werden wie dein Vater und diesen übertreffen, sei tapfer. Von König Artus Hof erfolgen lauter Aussendungen von der Tafelrunde in die weite Welt, zu »Aventuiren«. Die kommen aber alle irgendwie im Auftrag von Frauen, die Kinder, Söhne, Enkel haben. Ich bin fest überzeugt, dass die Großmütter eine Riesenrolle spielen. Das sind die Frauen, die nicht mehr durch Geburten und durch Platzverteidigung okkupiert sind. Sie haben Zeit und Muße, den Enkel in Gang zu setzen. Wenn man das studiert, wäre das gewissermaßen die Form, in der der Kommentar als Werkzeug dienen kann. Er ist die Mitgift der Großmutter an den Enkel, denn die Enkelin kann's nicht so gut ausführen, sie ist verheiratet. Sozusagen die weibliche Seite des Enkels wird angestiftet, ausgerüstet, noch mal mit einer zweiten Rüstung versehen, der Schriftlichkeit. Die anderen sind nur mit Wams, Lederwams der Mündlichkeit bekleidet, oft sind sie sogar nackt. Hier gibt es eine zweite Rüstung. Sie macht auch die enorme Macht der Kirchenregime aus, die ja Könige einsetzen und absetzen.

R. S.: Ja. Während du das jetzt erzählst, fällt mir eine Formulierung hier in deinem Buch ein: »Aus der Rippe meiner Mutter … Sohn aus der Rippe meiner Mutter«.

A. K.: Ja und aus der Rippe Evas.

R. S.: … aus der Rippe Evas an anderer Stelle. Hat das damit zu tun?

A. K.: Wenn man nach seinem poetischen Ahnungsvermögen vorgeht, ist man, außer dass man Geschichten schreiben kann, nicht besonders fähig, das exakt zu erklären. Aber in meinem Vater, in den ich mich ja sehr hineinversetzen kann, kann ich den Einfluss seiner Mutter ganz genau erkennen. Obwohl er ein sehr männlicher Typus ist, stammt seine Arzt-Hand nicht von seinem Vater.

Es ist doch auch nur eine Behauptung, dass Eva aus der Rippe Adams herkommt. Das setzt voraus, dass eben tatsächlich Adam von Gott aus Lehm in Urzeugung gemacht wurde. Wenn man aber annimmt, dass da doch etwas mehr Evolution im Spiel ist, dann wird das die Rippe Evas sein.

Die Musik ist dabei auch im Spiele. Eine Geschichte, die mir unglaublich imponiert hat, ist *Die heilige Cäcilie oder die Gewalt der Musik* von Heinrich von Kleist. Wiedertäufer sind eingedrungen in eine westfälische Stadt, in deren Kloster Wandmalereien und eine Musiktradition bewahrt werden. Die Täufer aus den Niederlanden verabreden sich an dem Fest der heiligen Cäcilie, die Kirche kahl zu machen, die Gemälde zu zerstören usw. Es gibt aber eine alte Messe und die Äbtissin will versuchen, vielleicht durch Musik diese Rotte noch zu besänftigen. Aber die Dirigentin, die den Chor leitet und Noten lesen kann, liegt im Koma. Trotzdem erscheint sie auf unerklärliche Weise im letzten Moment, bringt das Chorwerk zur Aufführung und die Aufrührer lassen von ihrem Vorhaben ab. Als die Mutter eines der Aufrührer nach Jahren nach ihnen sucht, findet sie alle fünf in einem Asyl für Verrückte. Dort sitzen sie zufrieden an einem Tisch und summen vor sich hin. Das ist die Macht der Musik, eine richtige Dämonie, gespenstische Wirkungen. Die Alternative zum Rebellentum ist das Narrentum. Ich dachte sehr an Deinen *Ulenspiegel*, bei dem übrigens 1350 auf dem Grab steht, das ist ja sehr früh.

R. S.: Die Eulenspiegel-Historien umfassen eine Zeit von ca. 350 Jahren, also vom Hochmittelalter an. Sein Tod fällt in die Zeit der Spätscholastik. Das ist die Scholastik von William Ockham, die kritisch wird; sie sagt, wir dürfen keine falschen Fragen stellen und die dann mit Logik behandeln.

Halten wir doch mal diesen einen Punkt fest und verfolgen ihn weiter. Nehmen wir an, die Intelligenz hat sich entfaltet, aber gleichzeitig eine falsche Rolle eingenommen. Alle Belohnungssysteme, alle Ausrichtungen gehen davon aus, dass meine Intelligenz in den Dienst der Schriftlichkeit treten und irgendwie zu Eroberungszwecken nutzbar sein soll. Die Schriftlichkeit kann ich für natürliche Rechte, für Widerstand ganz schwer verwenden. Die Bauernhaufen haben zwar einen Schreiber, die ihre »Artikel« schreiben, aber sie schaffen keine Publizität. Die Mehrzahl der Intelligenz ist auf der Seite der Stadt und an den Höfen.

A. K.: Wobei die sich emanzipierende Universitätswissenschaft zu den Formen gehört, die noch am ehesten ans Poetische angrenzt. Gedichte haben sie nicht geschrieben und eigene Texte dürfen sie auch nicht machen, sie dürfen sie nur erläutern. Da kommst du immer wieder auf die Kommentarform. Wie ginge eine Kommentarform, die jetzt bei der Mündlichkeit verbleibt und gewissermaßen die Schriftlichkeit bekämpft, so wie wir heute – begrenzt – in die Poren der Schriftlichkeit eindringen. Aufgabe unserer Zeit wäre, in die Algorithmenwelt der Digitalität, die so viel Leerräume schafft, so viel ausgrenzt, mit Gegenalgorithmen einzudringen.

R. S.: Ja. Nun sagt sich so ein Begriff »Gegenalgorithmus« leicht. Was aber genau könnte das sein? Die Algorithmen der großen Konzerne sind Diener des Profits. Jedes Jahr werden die zehntausend besten Mathematiker der US-Elite-Universitäten eingestellt und beschäftigen sich dann tagaus, tagein damit, das Netz so zu gestalten, dass es den Leuten noch mehr Geld aus der Tasche zieht. Das ist ja eine Verschwendung von Intelligenz sondergleichen. Wenn man noch genauer hinsieht, kann man aber sagen, dass sich in den Massenmedien, und besonders im Netz eine neue Ökonomie etabliert, die gleichzeitig wohl die älteste der Welt ist, die Aufmerksamkeitsökonomie. Wie ein quengelndes Kind klebt sich die Werbung permanent an unsere Aufmerksamkeit. Wenn dies eine Annäherung einer Beschreibung an den Algorithmus des Gegners wäre, was wäre denn dann ein Gegenalgorithmus?

A. K.: Er hat mich angesehen, er hat mich beachtet, sie hat mich angesehen, sie hat mich beachtet, dass ich Anerkennung und Beachtung finde, nicht ausgegrenzt werde, dies ist unter dem Gesetz des Familienvertrags, der Stammesgesellschaft eine ganz starke Währung, noch höher als die Währung der gerechten Verteilung.

R. S.: Ja, da geht's auch um Verteilung, und zwar von Libido.

A. K.: … von Libido und Aufmerksamkeit und Beachtung und sozialem Kontakt. Und in der Welt leben wir naturgemäß, das ist nur eine längere longue durée-Welle. Das lebt in jedem Jungen, in jedem Mädchen, in Kindern stärker als in Erwachsenen, aber dort auch. Die neuen Sirenen der technischen Reproduzierbarkeit, das sind die Big Five, aber auch ihre gesamten Hintersassen, Gefährten und Anhänger lernen an unserem Gebrauch der Medien, die unsere Libido kennen, sie anlocken. Dann erscheint das, was in uns unausgegoren und unsortiert liegt, dort plötzlich sortiert und aufbereitet. Was in uns war, Subjektivität, wird plötzlich vor uns ausgebreitet als Angebot. Das ist ja gleichzeitig eine Aufmerksamkeit, die sich direkt an uns richtet. Sie geben uns so viel Aufmerksamkeit, dass sie auch unsere hervorlocken. Also wird jetzt gezahlt, mit geballter, aus uns heraus gesetzter Libido oder Subjektivität, die jetzt verwaltet wird.

R. S.: Aber dadurch nicht bei uns nicht verschwunden ist. Wir werden nicht gleich enteignet, aber stark relativiert. Denn die geballte Künstliche Intelligenz, in der auch lebendige Intelligenz organisiert ist, ist auf der Gegenseite abgesiedelt.

A. K.: Sie ist stärker, weil auch kollektiver als meine eigene. Zum Schluss stehe ich gewissermaßen als Mensch des erweiterten 19. Jahrhunderts vor einer subjektiv angereicherten Macht des 21. Jahrhunderts. Ich bin jetzt gewissermaßen Künstliche Intelligenz geworden, Ding geworden, drüben ist meine Intelligenz mit enthalten. Nicht der Warenproduzent, der seine Arbeitskraft verkauft, steht dem Kapital gegenüber, das schon genügend anonym ist, aber nicht im Besitz von irgendjemand sein kann, sondern der Warenfetisch hat sich erweitert auf die Aufmerksamkeitsware, die keine bloße Ware ist, die immer ein menschliches Verhältnis gleichzeitig ist und nicht bloß ein dingliches, in dem ein Warenfetisch steckt. Alle Helferberufe würden jetzt dieses Marktverhältnis deutlicher versinnlichen oder veranschaulichen als alle dingliche Welt. Ein Auto kann das nicht so gut oder eine Maschine noch schlechter, die lasse ich ja nicht in mein Wohnzimmer. Es gibt vielmehr eine neuartige Art Lebenshilfe. Man mischt nicht mehr den Taxi-Markt auf wie Uber, sondern man organisiert Wohngemeinschaften für alternde Menschen. Wenn man solche Gedanken der Linken- und der Grünen-Bewegung wegnimmt, bist du ganz nah bei den Stiftungen von Bill Gates. Der ist nahe an den Algorithmikern.

R. S.: Aha. Ich weiß von seiner Stiftung bloß, er will die Malaria bekämpfen in Afrika. An solchen Stiftungen ist meistens auffällig, dass das Gute, das sie tun, weit weg von der Heimat liegt.

A. K.: … aber auch eine helfende Fähigkeit ist, nicht nur ein Impfstoff soll verkauft werden, du könntest auch Ärzte ausbilden dafür, auch Grenzpolizeien, Gesundheitspolizeien. Wenn du diese Seite ernst nimmst, dann eignen sich die neuen Sirenen alles an, was wir als Menschen uns vorstellen können. Eigentlich müssten jetzt die Puffs sich verfeinern in Seelenheilanstalten. Wo Kafka hinfährt, im Harz diese Anstalt, wo er nackt badet, mit Menschen zusammenkommt, falls er homosexuelle Bestrebungen hat, das geht in diese Richtung. Oder was am Monte Verità passiert, das kannst du auch in Organisationen verwandeln. Oder wer passt zu wem, das können im Grunde die algorithmischen Medien nach einer gewissen Zeit besser als wir. Das ist also das Fingerspitzengefühl auf dem Gebiet des Algorithmus. Das Streichen über das iPhone ist das Fingerspitzengefühl, das du beim Schalter nicht brauchst, beim Maschinengewehr nur brauchst für den Auslöser, aber der Schuss wird nicht verfeinert und auch die Suchbewegung macht das Maschinengewehr nicht. Aber hier, das ist die Aufwertung des Tastens. So könnte jetzt jegliche Sinnlichkeit der ersten und zweiten Natur in dieser dritten Natur gewissermaßen angeworben werden.

*

"Sirenen im Zeitalter ihrer technischen Reproduzierbarkeit"

The BiG FIVE
OF SILICON VALLEY

P
Erdzentrum als Ziel

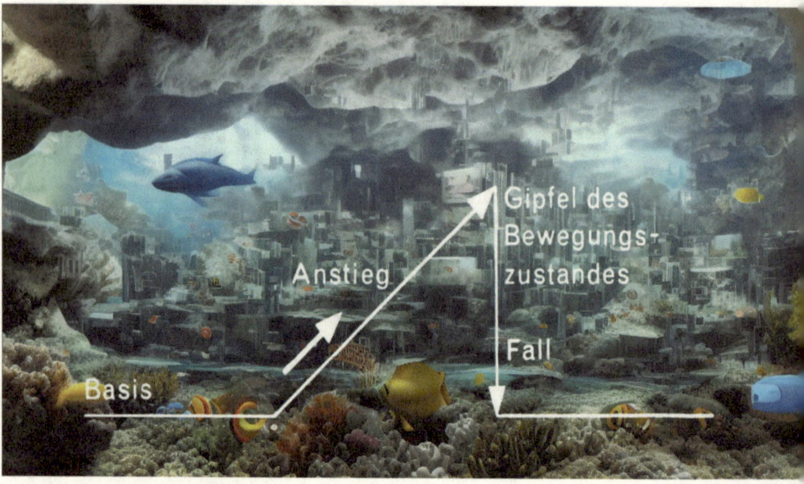
Gipfel des
Bewegungs-
zustandes
Anstieg
Fall
Basis

Odysseus, gefesselt an den Mastbaum seines Schiffes, damit er den Sirenen nicht verfallen kann, wenn sein Herz das will.

11

RELIGION, WISSENSCHAFT, IRRTUM

Rainer Stollmann: Ist der Kommentar nicht in der Mitte zwischen wissenschaftlicher und literarischer Tätigkeit angesiedelt?

Alexander Kluge: Das scheint mir eigentlich das Überzeugendste und das ist das, was mich besonders fesselt daran, diese Nahtstelle, an der auch Habermas bohrt, grübelt. Wo waren Religion und sehr exaktes, sehr rational bemühtes Denken mit theologischen Fragen befasst und gleichzeitig mit ethischen praktischen Fragen. Und dann kommt von Griechenland das Ganze ohne Theologie.

R. S.: … oder fast ohne Theologie.

A. K.: … fast ohne, bei Plato. In diesen beiden Dingen interessiert Habermas die Intensität, in der dort geforscht, gedacht, unterschieden wird. Wie entsteht denn Denken in der Theologie, wie kommt es in ihr zu einem Erkenntnisinteresse, und was ist in der Philosophie theologisch? Unter der Perspektive von 2020 oder 2040 kommt aus diesem Amalgam von Erkenntnis, Emotionalität, Lebenswelt und Geisteswelt noch einmal etwas Neues hervor. Die Perspektiv-Erweiterung fesselt mich nicht nur zeitlich, insofern man jetzt Heraklit, Konfuzius oder Buddha einbezieht, sondern vor allen Dingen ist es mehr Denkmaterialität, die zur Untersuchung zur Verfügung steht.

Ich könnte jetzt zum Beispiel die Religiosität im Zentralkomitee in Russland 1917 zu studieren beginnen und dort finde ich die Biokosmisten. Das ist eine vollkommen idealistische Vereinigung, hat aber die Mehrheit im Zentralkomitee. Sie gehen davon aus, dass alle Menschen zusammen mit dem Kosmos und unseren Vorfahren das sozialistische Ganze bilden. Wir müssen die Toten wieder zum Leben erwecken. Im Wettbewerb zu Jesus Christus, der das nur ankündigt für das Jüngste Gericht, und wer weiß, ob er's dann macht. Wir fangen erst mal an damit, dass das Blut der Jungen den Alten eingeimpft wird, damit die Alten sich verjüngen. Das Blut der Alten hat viel Immunität und das gehört den Jungen eingeimpft. Das sind die Biokosmisten, das ist Alexander Bogdanov, daran ist er gestorben, seine Spritze war verschmutzt. Aber ich mache mich nicht so leicht darüber lustig. Denn zum Beispiel der stellvertretende Chef der GPU war ein Vertrauter von einem Maler und Esoteriker und christlichem Urforscher, so etwa in der Art, wie Steiner denkt. Er hat ihn gefördert und wollte ihn zum Imperator von Asien machen. Das ist ja eine idealistische Verirrung von einem dialektischen Materialisten. Warum kommt das dort vor? Mit einem brennenden Interesse und Neugier für alles, was Madam Blavatsky je gedacht hat.

R. S.: Sonderbar.

A. K.: Sonderbar. Die Biokosmisten haben eine Dramenform entwickelt, die auch Benjamin 1929 noch betrachtet hat. Man führte Dramen auf, in denen die neuen Gesetze erläutert wurden. Das beliebteste Stück war dabei: Vorladung von Gott. Das ging nicht, weil er keine Adresse hat, und deswegen werden eine Hebamme, die sich die Hände nicht wäscht, eine Engelmacherin, ein Priester, ein Pope vorgeladen, die werden dann zu Zwangsarbeit verurteilt.

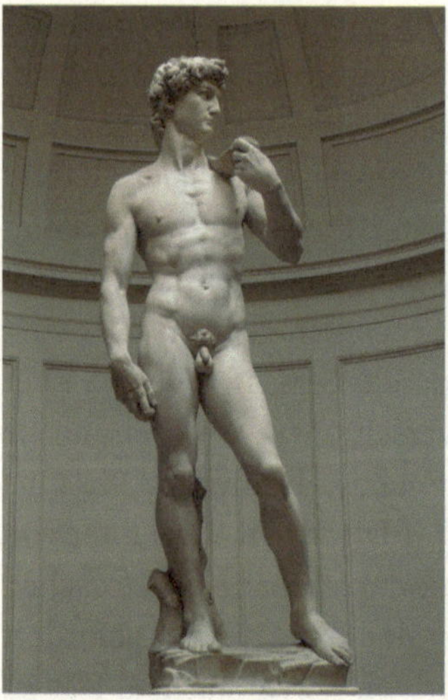

Irrtum wichtiger als Wahrheit

Dem menschlichen Irrtum liegt immer eine Erfahrung zugrunde. Die Erfahrung ist etwas Wertvolles. Wenn ich sämtliche Irrtümer sammeln könnte, so wie die Brüder Grimm die Märchen gesammelt haben, und die Gründe davon erforsche, hätte ich mehr Wahrheit, als wenn ich alle wahren Sätze sammle und wiederhole. Denn der wahre Satz gebiert keinen neuen. Der Grund für einen Irrtum gebiert eine Differenz und motiviert mich, ihn aufzuheben, den Grund anders zu beantworten.

(A. K.)

*

Die groteske Mona Lisa

Es gibt keinen schärferen Gegensatz zweier zu gleicher Zeit entstandenen Kunstwerke als den zwischen Michelangelos David (1504) und Leonardos Mona Lisa (1506). Michelangelo meißelt das Männlichkeitsideal in Stein, Leonardo malt die Frau als Ideologie des Mannes. Die Darstellung wahrer Schönheit konkurriert mit der ihres falschen Bewusstseins. Die Skulptur ist hochidealistisch, das Bild materialistisch, weil ihm die Kenntnis der Irrtümer wichtiger ist als die Idee der Wahrheit. Michelangelo zeigt den nackten Uomo universale, Leonardo das ungebrochen im neuen Menschen fortlebende falsche Bewusstsein des alten.

David ist ein Vetter des Odysseus, seine Schleuder auf der Schulter das Zeichen instrumenteller Vernunft, der List gegenüber roher Gewalt. Von seinem in die Ferne gerichteten gleichgültig-heroischen Blick zehren später die Skulpturen des Faschismus. Ganz anders der Blick der Mona Lisa. Ihre Augen verfolgen den Betrachter wie eine Jägerin ihre Beute – man wird das »notwendig falsche Bewusstsein« eben nicht leicht los. Leonardo ist ohne jeden Zweifel ein Großmeister der Schönheit. Trotzdem ist sein berühmtestes Bild – und wer weiß, vielleicht auch die anderen – auf hintergründige Weise grotesk. Der Hintergrund des Bildes, die Landschaft, ist augenscheinlich grotesk. Eine solche Eismeer-Alpen-Zivilisationslandschaft gibt es nirgendwo auf der Welt. Sie ist vollkommen menschenleer, aber versehen mit Brücke, Straße, möglicherweise kanalisiertem Fluss. Ragen dort oben winzige Schiffsmasten empor, ist da ein Hafen oder führt der Weg ins Nichts? Die groteske Natur der Landschaft verweist auf die ebenso groteske, zivilisatorisch-barbarische Mixtur der weiblichen Natur im Vordergrund. Der ruhige See und der mäandernde Fluss spiegeln sich in Lisas Frisur wider. Es ist ein Irrtum, dass Mona Lisa selbst schön sei. Sie ist ein Modepüppchen. Ihr kostbares Kleid, die lockere Frisur, die ausgezupften Augenbrauen und Stirnhaare, der kaum sichtbare Schleier, sogar das einseitige Lächeln – alles gemalt nach der florentinischen Mode um 1500. Verglichen mit den Madonnen von Raffael und Michelangelo oder von Leonardo selbst hat sie ein Mondgesicht, dessen Ausdruckslosigkeit in Richtung Smiley geht. Das Bild ist mitnichten ein Porträt. Die Abstraktheit des Gesichtes machte es den Kunsthistorikern möglich, etwa ein dutzend reale Vorbilder darin zu sehen, von einer Medici-Geliebten über die Mäzenatinnen Isabella d'Este und Catarina Sforza bis hin zu Leonardos Mutter, Leonardo selbst und seinem jungen Geliebten, den er Mon Salai (»meine Teufelsbrut«) zu nennen pflegte, ein Anagramm zu Mona Lisa. Sie ist auch für damalige Verhältnisse ein bisschen zu dick, hat fette Hände, eine davon spreizt sie zu einem obszönen Zeichen, mit dem Huren in Florenz Freier auf der Straße anlockten. Gleichzeitig thront sie über der menschenleeren Landschaft wie ein Himmelswesen. Man weiß nicht, wie alt sie ist, sie könnte 17, aber auch 40 Jahre alt sein. Hure, Mutter, Engel, Jungfrau, Modepüppchen, männlicher Geliebter, Leonardo selbst – was ist dieses Wesen? Bestimmt kein autonomes Individuum, sondern Mixtur männlicher Wünsche nach der unberührten, erfahrenen, mütterlichen, mondänen Frau, der heiligen Hure bzw. nach dem jungen Geliebten. Kunsthistoriker haben auch versucht, sie als Darstellung des uomo universale zu interpretieren. Das Gegenteil ist richtig. Michelangelos David und viele andere Kunstwerke der Renaissance mögen gestaltete Ausrufezeichen sein: »Seht her, so wie ich sieht der neue, universale Mensch aus!« Die Mona Lisa nicht. Sie antwortet immer nur: Solange du mich schön findest, bist du kein neuer Mensch. Mona Lisa ist ein gemaltes Fragezeichen.

Das macht die Aktualität dieses Bildes auch noch nach 500 Jahren aus. Wären wir emanzipiert, so würden wir die grotesken Widersprüche bemerken und darüber lachen. Die Genialität Leonardos besteht darin, dass er ungeheure geistige und technische Kräfte aufwendet, um das groteske Lachen vor dem Bild zu produzieren. Der männliche alte Mensch, der ja in der Realität für die monsterhaften Züge der Weiblichkeit verantwortlich ist, soll vor Lachen platzen (wie der verhexte Klotzkopf der Brüder Grimm), wenn er diese groteske Gestalt, sein Geschöpf, lange genug anblickt.

Kunst um 1500 stellt sich die Aufgabe, ihrem Publikum die Angst davor zu nehmen, ein uomo universale zu werden. Das gelingt ihr nicht durch Vorbilder wie den David, der in der autoritären Rezeptionshaltung, die er verlangt, die mittelalterliche Tradition fortsetzt. Jedes christliche Kunstwerk in der Kirche ruft: »Folge mir nach!« Und alle repräsentative Fürstenkunst stellt den Herrscher und seine Familie als Vorbild dar. (Der erste, der davon abweicht, ist Goya.) Die Utopie des neuen Menschen darzustellen ist autoritär, weil die Form dann ihren Inhalt beschädigt.

(R. S.)

*

12

BÄUERLICH, BÜRGERLICH, PLEBEJISCH

Das Geld der Natur

Der russische Kulturforscher Michail Bachtin (1885–1975) spricht von »heiterer Materie«. Der Reichtum eines armen Bauern im mittelalterlichen Europa war z. B. eine Kuh. Sie lieferte Milch für das Grundnahrungsmittel Getreidebrei, und Dung, der als Brennstoff und zum Füllen des Fachwerks der Häuser verwendet wurde. Auf das Fleisch kam es nicht an. Wer den größten Misthaufen im Dorf hatte, war der reichste Bauer. Scheiße im Überfluss zu haben, war Luxus. Ihre komische Essenz ist, dass sie zwar Ekel erzeugt, aber im nächsten Moment zur agrikulturellen Produktivkraft wird. Was der Körper der Lebewesen gar nicht mehr gebrauchen kann, befruchtet die Erde. Die Entdeckung dieses Zusammenhangs ist Teil des agrarischen Optimismus. Im bäuerlichen Karneval des mittelalterlichen Europa wurde mit Kuhfladen geworfen. In Venedig wurden daraus mit Parfüm gefüllte Glaskügelchen, später Konfetti aus Papier und Kölner Karamelle.

Erst in der Stadt werden die Exkremente zum Problem. Marx schreibt: »In bezug auf ihre Verwendung findet in der kapitalistischen Wirtschaft eine kolossale Verschwendung statt; in London z. B. weiß sie mit dem Dünger von 4 ½ Millionen Menschen nichts Besseres anzufangen, als ihn mit ungeheuren Kosten zur Verpestung der Themse zu gebrauchen.« Scheiße ist das bäuerliche Geld der Natur. In Bauerngesellschaften, in deren Selbstversorger-Ökonomie der Umgang mit Geld bis zum 13. und 14. Jahrhundert fremd war, vermittelt die Scheiße den Lebenszusammenhang, den Austausch zwischen Mensch und Natur. Erst in den Städten tritt an ihre Stelle das Geld.

(R. S.)

Rainer Stollmann: Ich füge noch eine Beobachtung aus dem »Eulenspiegel« an zum Thema Theologie und Religion. Mich hat immer verblüfft, dass Theologie, das Jenseits, Religion im eigentlichen Sinne nicht vorkommt im *Ulenspiegel*, es kommt vor die Kirche als Institution, die natürlich in Grund und Boden kritisiert wird. Aber da ist nicht das geringste religiöse, theologische oder metaphysische Interesse zu spüren. Das Buch ist die reine profane Materialität und sonst nichts. Das ist doch für ein Buch des Spätmittelalters außerordentlich erstaunlich.

Alexander Kluge: Das finde ich aber wirklich. In Märchen kommt der liebe Gott vor.

R. S.: Selten.

A. K.: Engel kommen nicht vor?

R. S.: Kein Gedanke.

A. K.: Irgendein Witz, dass einer sich als Engel verkleidet?

R. S.: Fehlanzeige.

A. K.: Was ergattert, einen Schinken ergattert?

R. S.: Nein.

A. K.: … scheißende Engel?

R. S.: Es ist immer Eulenspiegel selbst, der die anderen bescheißt.

A. K.: Als Fragestellung …

R. S.: Eulenspiegel tritt einmal als Reliquienhändler auf und macht damit sein Geschäft. Aber auch dafür kann man das Wort religiös nicht benutzen. Irgendeine Metaphysik gibt's nicht.

A. K.: Also lass uns da noch mal bohren, ich finde das ganz spannend. Was gibt's in derselben Zeit? Die Gesta Romanorum ... wann sind die?

R. S.: Ende 13. Jahrhundert. Gegengeschichten zu *Eulenspiegel* wären die Heiligenlegenden, diese zumeist recht blutrünstigen Märtyrergeschichten, die die Kirche über Kalender unter das Volk gebracht hat.

A. K.: Davon findet sich nichts im *Eulenspiegel*?

R. S.: Nein. Auch keine satirischen Anspielungen.

A. K.: Kommt eine Hexe vor?

R. S.: Nein, alte Frauen ja. Da gibt es eine einzige, die ihm überlegen ist.

Die 65. Historie sagt, wie Eulenspiegel von einer alten Bäuerin verspottet wurde, als er seine Tasche verloren hatte

Vor alten Zeiten wohnte zu Gerdau im Lande Lüneburg ein Paar alter Leute, die an die 50 Jahre im ehelichen Stand miteinander gelebt hatten. Sie hatten schon große Kinder, die versorgt und verheiratet waren. Nun war dort zu der Zeit auf der Pfarrstelle ein ganz schlauer Pfaffe, der allzeit gern dabei war, wo man praßte und schlemmte. Dieser Pfaffe machte es mit seinen Pfarrkindern so: wenigstens einmal im Jahr mußte ihn jeder Bauer zu Gast haben und ihn samt seiner Magd einen Tag oder zwei verpflegen und aufs beste bewirten.

Nun hatten die zwei alten Leute viele Jahre lang keine Kirchweih, Kindtaufe oder eine sonstige Gasterei abgehalten, auf der der Pfaffe schlemmen konnte. Das verdroß ihn, und er dachte darüber nach, wie er den Bauern dazu brächte, daß er ihm eine Einladung schicke. Er sandte ihm einen Boten und ließ ihn fragen, wie lange er mit seiner Frau im ehelichen Stande gelebt habe. Der Bauer antwortete dem Pfarrer: »Lieber Herr Pfarrer, das ist so lange, daß ich es vergessen habe.« Darauf antwortete der Pfarrer: »Das ist ein gefährlicher Zustand für euer Seelenheil. Wenn ihr 50 Jahre beieinander gewesen seid, so ist das Ehegelöbnis erloschen, wie das Gelübde eines Mönches in einem Kloster. Besprich das mit deiner Frau, komm dann zu mir und berichte mir über die Dinge, damit ich euch raten helfe zu eurer Seelen Seligkeit, wozu ich euch und allen meinen Pfarrkindern verpflichtet bin.«

Der Bauer tat dies und überlegte das mit seiner Frau, aber er konnte doch dem Pfarrer nicht genau die Zahl der Jahre ihres ehelichen Standes anzeigen. Sie kamen beide in großer Sorge zum Pfarrer, damit er ihnen in ihrer unwürdigen Lage einen guten Rat gäbe. Der Pfarrer sagte: »Da ihr keine genaue Zahl wißt, so will ich euch aus Sorge um eure Seelen am nächsten Sonntag aufs neue zusammengeben, damit ihr, falls ihr nicht mehr im ehelichen Stande seid, wieder hineinkommt. Und deshalb schlachtet einen guten Ochsen, ein Schaf und ein Schwein, bitte deine Kinder und guten Freunde zu deinem Mahl und bewirte sie gut; ich will dann auch bei dir sein.« »Ach ja, lieber Pfarrer, tut also! Es soll mir an einem Schock Hühner nicht liegen. Sollten wir so lange ehelich beieinander gewesen sein und jetzt außerhalb des ehelichen Standes leben, das wäre nicht gut.«

Damit ging der Bauer nach Hause und begann mit den Vorbereitungen. Der Pfarrer lud zu dem Fest etliche Prälaten und Pfaffen ein, mit denen er bekannt war. Unter ihnen war auch der Probst von Ebstorf, der allezeit ein gutes Pferd oder sogar zwei Pferde hatte und auch gerne beim Essen dabei war. Bei dem war Eulenspiegel eine Zeitlang gewesen, und der

Probst sprach zu ihm: »Steige auf meinen jungen Hengst und reite mit, du sollst willkommen sein!« Das tat Eulenspiegel. Als sie ankamen, aßen und tranken sie und waren fröhlich. Die alte Frau, die die Braut sein sollte, saß oben am Tisch, wo die Bräute zu sitzen pflegen. Als sie müde und abgespannt wurde, ließ man sie hinaus. Sie ging hinter ihren Hof an das Flüßchen Gerdau und setzte ihre Füße in das Wasser.

Währenddessen ritten der Probst und Eulenspiegel heim nach Ebstorf. Da machte Eulenspiegel auf dem jungen Hengst der »Braut« mit schönen Sprüngen den Hof und trieb das so lange, daß ihm seine Tasche und sein Gürtel, die man zu dieser Zeit zu tragen pflegte, von der Seite fielen. Als das die gute alte Frau sah, stand sie auf, nahm die Tasche, ging wieder zum Wasser und setzte sich auf die Tasche. Als Eulenspiegel eine Ackerlänge weitergeritten war, vermißte er seine Tasche. Er ritt kurzerhand wieder nach Gerdau und fragte die gute alte Bäuerin, ob sie nicht eine alte, rauhe Tasche gesehen oder gefunden habe. Die alte Frau sprach: »Ja, Freund, bei meiner Hochzeit bekam ich eine rauhe Tasche, die habe ich noch und sitze darauf. Ist es die?« »Oho, das ist lange her, daß du eine Braut warst«, sprach Eulenspiegel. »Das muß jetzt notwendigerweise eine alte, rostige Tasche sein. Ich begehre deine alte Tasche nicht.«

Und so schalkhaft und listig Eulenspiegel sonst war, so wurde er dennoch von der alten Bäuerin genarrt und büßte seine Tasche ein.

Dieselben rauhen Brauttaschen haben die Frauen in Gerdau heute noch. Ich glaube, daß dort die alten Witwen sie in Verwahrung haben. Wem etwas daran liegt, der mag dort danach fragen.

(Hermann Bote: Till Eulenspiegel, hg. von Siegfried H. Sichtermann, Frankfurt a. M. 1978, S. 179–182)

A. K.: Das Schöne daran ist, wie der Priester erst den Bauern betrügt, der kriegt Ochse, Schaf und Schwein. Das ist eine tolle Geschichte. Ich weiß noch nicht, wie man die auflöst, ich kann die nicht einfach so nacherzählen. Kehlmann würde das einfach unmittelbar beschreiben, da hätte ich ein bisschen einen Vorbehalt. Ich kann nicht so tun, als wäre ich zeitgenössischer Chronist.

R. S.: Die alten Frauen, die im *Eulenspiegel* vorkommen, scheinen mir doch verbunden zu sein mit der Vorstellung von Mutter Erde. Das Vertrauen der Bauern in Mutter Erde, die es gut mit ihnen meint, schwindet, wenn es ihnen auf Dauer immer schlechter geht. Der agrarische Optimismus wird brüchig. Eulenspiegels Mutter sitzt noch an seinem Totenbett und bittet ihren Sohn um ein letztes »süßes Wort«. Till sagt dann: »Honig«. Selbst zu seiner Mutter ist die Beziehung gebrochen, er foppt sie noch in seiner Sterbeminute.

A. K.: Wie könnte man so etwas darstellen? Wir beide unterhalten uns jetzt darüber, das kann ich als Tagebucheintrag quittieren. Was gäbe es noch für eine Möglichkeit? Ich kann mir keinen wissenschaftlichen Kongress ausmalen, wo das untersucht wird.

R. S.: Man kann auf den Gedanken kommen, dass alles Bäuerliche der Verdrängung unterliegt. Marx nennt in den *Klassenkämpfen in Frankreich* Napoleon III. eine »Bauernphantasie«. Dann gibt es einen Wortschwall von Paradoxen, mit denen er diesen ungeheuren Widerspruch zu fassen versucht. Schließlich nennt er die Bauern die »Barbaren innerhalb der Zivilisation« und dann schiebt er das Problem beiseite.[12] Es ist aber bis heute virulent. Ist Trump nicht ebenfalls eine ländlich geprägte Phantasiegestalt? Die kritische Theorie scheint mir da eine Lücke zu haben.

A. K.: Adorno hatte da eine starke Abneigung. Wenn wir das jetzt auf die Entwicklung der Intelligenz beziehen, dann gibt es ja keine einfach einheitliche Intelligenz. Es gibt eine Intelligenz der Vorstädte in den Slums von Amerika. Eine davon verschiedene Intelligenz gibt es in Galizien bei den aschkenasischen Juden, die Pogromen ausgesetzt sind, die von vielen Tätigkeiten ausgeschlossen sind. Dann gibt es eine bäuerliche Intelligenz.

R. S.: Der wesentliche Unterschied ist doch der zwischen dem bürgerlichen und dem bäuerlichen Menschen. Der bäuerliche Mensch ist bestimmt durch Beharrlichkeit, also den Acker bearbeiten, während der bürgerliche Mensch neugierig ist, wagemutig. Und dann mag es noch die plebejische Intelligenz der Vorstädte geben.

A. K.: Man könnte die proletarische Intelligenz im Krieg suchen. Schwejk hat ja nicht in der Fabrik gearbeitet, aber die Panzerarmeen werden von Mechanikern gefahren, da müsste man sie suchen. Und die proletarische Intelligenz … das Wort »proletarisch« ist zu breit, weil es ja immer die gesamte Stellung in der Gesellschaft vollständig mit einbezieht.

R. S.: Ja, »plebejisch« wäre besser.

12 Karl Marx / Friedrich Engels: Werke, Band 7, *Die Klassenkämpfe in Frankreich 1848–1850*, S. 44, Berlin/DDR 1960.

A. K.: Ja, plebejisch – und damit ist sie städtisch. Aber es gibt ja kaum Arbeiter, die nicht irgendwie in der dritten Generation auf dem Lande ihre Wurzeln haben, in der Sowjetunion noch mehr.

R. S.: Das stimmt auch für Eulenspiegel, dessen Geschichten von den Handwerksgesellen in Mitteleuropa verbreitet werden.

A. K.: Es wird ja jemand, der vom Land in die Stadt zieht, nicht sofort entbauert. In der ersten Generation versuchst du das Gegenteil zu sein, ziehst dich besonders städtisch an usw., in der dritten Generation hat die Großmutter das schon wieder vertuscht beim Enkel, der Enkelin. Ich würde das gern entwickeln, dass sie hier quasi in verschiedenen Wassern leben. Aber das Beispiel mit den Wassern passt noch nicht. Es gibt zwar ganz verschiedene Wasserarten, also ein Modderwasser, ein Karpfenteich, stehendes Wasser, Schlamm, das ist schon seit dreißig Jahren nicht umgerührt. Dann gibt es reißende Flüsse, schnell wirst du weggerissen. In der Mitte der Donau ist es ganz schön schwer dagegenzuhalten. Dann ein Wasser, das in einem Baumstamm langsam hochkriecht, von den Wurzeln hoch zu den Ästen, das ist wieder eine ganz andere Art. Und so verschieden wie das sind die Intelligenzformen, zudem noch gemischt.

Das Gleichnis ist literarisch unbrauchbar, denn ich muss erst lange erzählen, was Wasser ist, dann habe ich gar keinen Atem mehr, Intelligenz wiederzuerkennen. Nehmen wir mal eine eulenspiegelsche Geschichte. Ein LPG/SED-Genosse, der von Knall auf Fall vom Bezirkssekretär runtergestuft ist, ohne Pension, der noch einen Schießbefehl an der Grenze gegeben hat, sitzt sogar fünf Jahre im Gefängnis. Jetzt kommt der raus, leider nicht im Jahr 2021. Wenn du so einen dann in der Erwachsenenbildung bringst und der soll jetzt über *Ulenspiegel* einen Kurs machen, weil der, der es eigentlich macht, der Rainer St., der kann nicht. Der kann jetzt die Idee haben, die Frauen im *Ulenspiegel* zu untersuchen. Er bereitet sich falsch vor, dann hätte ich das belehrende Element weg. Das hätte die Unwahrscheinlichkeit der Fragestellung.

Regeln für das Lachen

Nach griechischer und deutscher Vorstellung wird das Donnergeräusch als ein Lachen aufgefasst. Nicht nur die Sonne, sondern auch der Mond lacht in der Normandie. Das soll gefährlich für die Strohdächer sein. Wenn die Patin das Kind zur Taufe trägt, muss sie es zuvor küssen, dann bekommt das Kind später Grübchen beim Lachen. »Wer lacht, tut keine Sünde.« »Die Lacher hat Gott lieb.« »Der Mensch denkt und Gott lacht,« sagen die Juden. Sisyphos war ein mythischer Till Eulenspiegel. In der Volksphantasie ist seine Bestrafung wirkungslos: Ein Hirte, der beim Fall einer Kuh lachte, muss sie nach seinem Tod als Geist den Berg hinauftragen. Oben fällt sie wieder herab, und jedesmal muss der Hirt fürchterlich darüber lachen. Wer einer Leiche folgt und dabei lacht, dem wächst die Hand zum Grabe heraus. Bei einer Beschwörung darf man sich nicht täuschen lassen, wenn lustige Personen zum Vorschein kommen, die durch lautes Lachen und Schäkern den Anschein erwecken, es ginge in der Hölle heiter und fidel zu. Im Verkehr mit Geistern soll man das Lachen unterlassen. Soll die Beschwörung gelingen, so darf man keine ungehörige Bewegung machen, am wenigsten aber

Lachen, da Lachen die Geister vertreibt. Wenn jemand in der längsten Nacht um Viertel vor 12 Uhr in den Spiegel lacht, sieht er, wen er will. »Lachen und Weinen in einem Säckle sind.« »Wer zuerst flennt, lacht am End.« Wie auch Foucault meint: Lachen ist die Fortsetzung des Weinens mit anderen Mitteln. Im Erzgebirge gilt: Lacht ein Kind unter 14 Tagen, so stellt sich der Storch das Jahr darauf wieder ein; lacht es zweimal, dann bringt er Zwillinge. Das Xylophon hieß im Mittelalter »hölzernes Gelächter«. Der Eintritt ins Paradies eröffnet sich dem Lachenden. Eine Mauer umgibt das Paradies. Hat man diese erstiegen, so sieht man das Paradies vor sich und hebt zu lachen an. Wenn man sich ordentlich müde gelacht hat, tut man einen lustigen Satz und ist drunten im Paradies. Wenn ein Mensch beim Sterben ruhig lacht, so ist seiner Seele gute Aufnahme im Jenseits beschieden. Tote lachen nicht. Wer Geistererscheinungen gehabt hat, soll nie wieder lachen können. Kobolde und Selige dürfen nicht lachen. Im Lachen geht die Seele in den Menschen ein. Diese Idee hatten die Gnostiker schon verallgemeinert: »Siebenmal lachte der Gott, und auf sein Lachen wurden die sieben weltumfassenden Götter geboren. Beim siebten Male lachte er Freudentränen, und geboren ward Psyche.« Frau Holda im Venusberg darf nicht lachen, auch in der Hölle gibt es kein Lachen. Eine Wäscherin muss, wenn sie gut Wetter zum Trocknen und Bleichen haben will, dreimal in die Unterhose hinein lachen. In Schlesien begrüßt man beim Beziehen eines neuen Heims den Hausgeist, indem man dreimal in das Ofenloch hinein lacht. Die Russen singen und lachen beim Flachsrupfen, sonst verdirbt er beim Rösten. »Thu gemach und lach, so gewinnst du die Sach.«

(R. S.)

13

FORMFRAGEN II: NEUE LEXIKA, HÖRKAPPE

Freud zum Begriff der »Hörkappe«

Die »Hörkappe« oder DAS DRITTE OHR ist kein Organ, sondern eine Funktion: ein Zusammenspiel zahlloser physischer Kräfte oder sogar »etwas, was zwischen den Außenbeziehungen des Ichs, seinen Vergangenheiten, dem lebhaften Konzert der Synapsen und vor allem zwischen allen biologischen Tätigkeiten des Hirnapparats und der Einflüsse von Körper, Haut, Darm, Herz, Galle, Motorik, Alltäglichkeit, Langfristigkeit, auf die zwitschernden Synapsen einwirkt«.

DAS, WAS DEM BEWUSSTSEIN WIE EINE »HÖRKAPPE« SCHIEF AUFSITZT, IST DIE SPRACHE.

Die Teile, die wir, zusammengesetzt »Ohr« nennen, zwei Ohren und eine Stelle im Hirn, die deren Eindrücke verbindet, verstehen als einzelne Teile keine Sprache. Erst mit Hilfe der »Hörkappe« entschlüsselt sich die Kommunikation zwischen den Menschen. Wie es Wolf Singer beschreibt: die etwa 100 Billionen Synapsen, die als Schaltstellen im menschlichen Gehirn die 100 Milliarden Neuronen miteinander verbinden, geben Laute oder eine gemeinsame Musik von sich, wenn das, was sie tun, akustisch hörbar gemacht wird. Es klingt, wie das »Zwitschern einer großen Menge von Vögeln in einem Park«. Die Nervenzellen sprechen einen eigenen biologischen Dialekt. Sie verständigen sich elektronisch und chemisch. In Wellen und Korpuskeln. Niemals in Sprache. Erst die »Hörkappe«, etwas, das einer, der das Gehirn besichtigt, örtlich und zeitlich nicht sehen könnte, verbindet das Ich (aber auch alle seine Derivate und Quellen) mit der ZAUBERMACHT DER JAHRMILLIONEN AN ERFAHRUNG, von Außenwelt und Innenwelt, in dem Format

BW
(Bewusstsein)
VBW = Vorbewusstsein
W-BW = Wachbewusstsein

Die Mahlgeräusche der Körper und Synapsen bilden noch keine Psychologie. Alle Psychologie produziert noch kein Bewusstsein. Und alle Formen von Bewusstsein, Halbbewusstsein und der Rohstoff der Perzeptionen bilden von selbst noch keine Vernunft. Aber alle Vernunft ist ohnmächtig ohne die Zuarbeit der mehr als 12 Ebenen, die unterhalb des Bewusstseins vor sich hin produzieren. Bis hinunter zur Rezeption, den sinnlichen Kräften, dem Zwerchfell und erneut: »dem Darm, der denkt«. Dieses PRINZIP FREIHEIT, festgelegt in der Sprache oder »Hörkappe« des dritten Ohrs. Es gleicht alle Schwächen des Ichs zeitweise aus.

(Alexander Kluge: Buch der Kommentare, S. 197f.)

*

Rainer Stollmann: Dieser Text ist ganz nah an einem Lexikonartikel. Du beschreibst in aller Kürze sowohl die Arbeitsweise der »Hardware« (Körper, Synapsen) und der »Software« (Bewusstsein, Vernunft, »Hörkappe«). Ein traditioneller Lexikonartikel wäre auf jeden Fall länger, würde ausführlich zitieren, auf Ungewissheiten der Forschung hinweisen und wäre vielleicht nicht so frei im sprachlichen Ausdruck (»zwitschern«). Aber die Kurzfassungen, die oft am Anfang von längeren Lexikon-Artikeln stehen, sind in der Sache ähnlich gemeint.

Alexander Kluge: Das Lexikon ist die schönste Form der Sammlung. Grimms Wörterbuch der deutschen Sprache[13] ist jedem Roman überlegen, d. h. ich finde es interessanter als einen Roman. Ich würde es nicht von Anfang bis Ende lesen wollen, aber immer wieder grabe ich mich dort ein. Anselm Kiefer hat in seinem Studio in Paris, falls er 5 Uhr früh unerwartet aufwacht, die 24 Bände dort versammelt, von denen er sich immer wieder inspirieren lässt. In der Schweiz gibt es das Idiotikon.[14] Das ist genau so umfangreich wie das Wörterbuch der deutschen Sprache von Jakob Grimm. Es enthält das Deutsch vor der Sprachverschiebung, das ist die Sprache vor Barbarossa. Die Sammlung ist eine literarische Form, die noch unerforscht ist in ihrer Ergiebigkeit. Man kann in der lexikalischen Form größere Zusammenhänge beschreiben. Ein Lexikon der Panzerwaffe wäre interessanter als ein Katalog der Panzerwaffe.

R. S.: Das klassische Vorbild ist doch noch immer die französische *Encyclopédie*, nicht wahr?

A. K.: Sie ist die Originalgestalt, sehr auf das Handwerk ausgerichtet, gewissermaßen auf gemischte Warensammlung, sehr jung, elementar, aber nicht sehr zielgerichtet, auch mit einer Überbetonung des Moralischen. Die guten Absichten überwiegen. Eine neue Enzyklopädie würde ich im Grunde mehrsprachig anlegen. Erstens müsste sie vorbabylonisch, vor der Einheitssprache einsetzen. Das heißt, ich muss eine Enzyklopädie einmal in dem Sprachgebrauch von Halberstadt, Mülheim, Stade und Albstadt, in Dialekt und in Orts-

13 Grimms Wörterbuch, online: https://www.dwds.de/d/wb-1dwb.
14 Schweizerisches Idiotikon: https://www.idiotikon.ch/.

sprache, ja, als Sammlung der Mündlichkeit anlegen, mit sämtlichen Irrtümern, die die Mündlichkeit transportiert. Zweitens in den Formen der Höhe des Nominalismus und der Mathematik, die keine bloße Abstraktion ist, sondern sie ist auch die äußerste Form der Konkretion. Sie ist einfach eine weitere Sprache der Menschheit, nur keine Umgangssprache. Das dritte sind die Sprachen von Rhythmus, Takt und Musik. Das war bei Immanuel Kant das »Schema«, der »Tanzschritt des Geistes«, die Vermittlung von Sinn und Verstand in der Form der Einbildungskraft. Die vierte Sprache ist die Ikonographie, von Aby Warburg über das Passagenwerk von Benjamin bis zu uns. Die Ikonographie erzählt in Bildern, und zwar in ikonoklastisch verwalteten Bildern. Der Verwalter darf nicht Bilder vermehren, er muss die Üppigkeit der Bilder, das wild wuchernde Unkrautfeld, das Meer der Ikonographie dauernd irgendwie bearbeiten, lichten, rupfen usw., das muss ein Garten sein. Die Ikonographie ist aber gegenüber der Mathematik völlig alternativ. Bilder erzählen nicht, wie etwas funktioniert.

R. S.: Anschauung und Begriff.

R. S.: »Vernunft« kommt von »vernehmen«, hat also auch mit dem Ohr zu tun. Aber in der deutschen Philosophie-Tradition ist das Auge die Leitmetapher, »Anschauung« heißt es bei Kant. Sie steht dem Begriff gegenüber. Marx spricht von »Sinnlichkeit«.

A. K.: Das Auge erscheint mir gierig, beutesüchtig. Es ist nicht das Organ der Vorsicht. Das Organ der Vorsicht ist das Gehör, das nach hinten hört, zur Seite hört. Es ist viel aufmerksamer für Gefahren und bei unmittelbarer Gefahr ein besseres Fluchttier als das Auge, das dazu neigt, in Staunen zu erstarren. Es ist auch viel zu langsam: Das Auge vermag 16 Unterschiede in der Sekunde wahrzunehmen, während das Ohr 360 Unterschiede in der Sekunde versteht.

Sonderstellung der Mathematik

A. K.: Die Mathematik handelt von mehr als dem Begriff. Sie ist tatsächlich ein Navigator in exzessiven Formen der Anschauung. Wenn du auf der Plancklänge Anschauung suchst, also relativ klein, aber auch relativ elementar, dann würdest du mit den Mitteln der Mathematik Anschauung gewinnen. Mit Augen, Ohren oder der Haut würdest du gar nichts erfahren, unsere Sinne versagen auf der Plancklänge. Dennoch ist es Realität, die auch zu uns gehört. Denn wir bestehen natürlich auch aus Plancklänge. Diese neu erschlossenen Realitäten erfordern, dass wir poetisch neue Formen entwickeln. Also: die mathematische Moritat? Ist mir nicht bekannt.

R. S.: Ich habe schon länger nach mathematischem Humor gesucht.

A. K.: Gibt's nicht. An den Samstagen, an denen die Bauern zusammensitzen und einander übertrumpfen, da spielen vielleicht Zahlen oder ein bisschen Rechnen eine Rolle, aber keine Mathematik.

R. S.: Schon, aber umgekehrt könnten die Mathematiker Witz, Komik oder Groteske entwickeln. Schönheit kennt die Mathematik ja.

Schadenfrohe Amseln

Nachbars Katze hat in 12 m Höhe ein Amselnest entdeckt und schleicht jetzt zu dem Baum. Die Amseleltern haben wiederum die Katze entdeckt. Jetzt entwickelt sich folgendes Drama: Mutter Amsel hockt sich etwa 3 m entfernt von der Katze auf den Rasen, und zwar in Gegenrichtung zum Baum, piept jämmerlich, lässt einen Flügel hängen, humpelt und tut so, als ob sie verletzt sei. »Nimm mich, ich bin eine doch viel leichtere und fettere Beute als die dünnen Kleinen da weit oben.« Währenddessen fliegt der Amselvater mit dem barbarischsten Gezeter, das ihm zur Verfügung steht, Sturzkampfangriffe auf den Kopf der Katze, dreht natürlich einige Dezimeter über dem Gorgonenhaupt ab, die Katze schlägt mit der Pfote nach dem Angreifer. Dann sieht die Katze wieder die Beute auf dem Rasen an und folgt ihr. So geht das einige Minuten, bis die beiden komischen Vögel den Gartentiger genügend weit weg vom Baum gelockt und getrieben haben. Ist das der Fall, hört alles ganz plötzlich auf, die Amseln verschwinden im Baum und machen keinen Mucks. Die Katze ist durch die so abrupt eintretende Stille zusätzlich verwirrt, verharrte einige Momente unschlüssig, und – trollt sich dann.

Kurze Zeit später das fröhlichste Geschnatter aus dem Amselnest! Man kann die Eltern geradezu sehen, wie sie ihren geretteten Kindern ihre Heldentaten vorspielen. Und das sollte dann, auch wenn in diesem Fall Zwerchfell und Gesichtsmimik nicht vorhanden sind, nicht »Lachen« sein? Oder wenigstens eine Vorstufe davon? Wenn doch die wichtigste Bestimmung der meisten Philosophen – »Lachen ertönt dann, wenn eine Angst vergeht« (Adorno) – so wunderbar darauf zutrifft?

(R. S.)

A. K.: Etwas stimmt oder stimmt nicht. Humor entsteht da, wo etwas stimmig ist und abweicht, wo sozusagen Reibung ist. Du brauchst eine Regel im Hintergrund, die man verbiegt. Du musst ja irgendwo wegrutschen von dem, was alle annehmen.

R. S.: In der Regel frisst die Katze den Vogel, der nicht fliegen kann. – Jean Paul sagt, man macht sich keine Vorstellung davon, wie viel Vernunft im Humor steckt. Wenn aber das Photon sich weigert zwischen Welle und Teilchen zu unterscheiden, oder wenn mit $\sqrt{-1}$ gerechnet wird, das wären vielleicht Zugänge für eine komische oder humorvolle Mathematik.

A. K.: Der Witz von $\sqrt{-1}$ bestünde darin, dass es entweder 17 verschiedene Ergebnisse oder nur zwei gibt, aber niemals nur eines. Der Witz steckt hier in der Unvereinbarkeit mit dem normalen Schritt des Denkens. $\sqrt{-1}$ ist tatsächlich hochkomplex. Mein letztes Kapitel in diesem Russland-Buch[15] heißt doch *Russland als* $\sqrt{-1}$. Das meine ich ganz wörtlich. Die Weite, die Unbestimmtheit des Landes verwandelt einen Soldaten unter Napoleon oder unter Hitler in einen Möglichkeitsmenschen. d. h. er hat 17 Möglichkeiten zu sterben. Welche davon eintreffen wird, weiß er nicht.

R. S.: Es gibt dieses Bild von Caspar David Friedrich. Da steht ein französischer Kürassier, klein, in Uniform, vor dem deutschen Wald. Man ahnt, dass er sich ängstigt.

15 Alexander Kluge: *Russland-Kontainer*, Berlin 2020.

A. K.: Wenn du die Obertonreihe dieses Bildes ins Auge fasst, kommst du beim Major der Reserve, Otto Meyer im Jahr 1941 an, ein Oberstudienrat von Haus aus, Panzerführer einer Panzerkompanie des Deutschen Reichs. Er verzweifelt nicht über Wälder in Russland, die ihm eher behaglich erscheinen, sondern über die Weite des Landes, die kein Ende hat. Die Ziellosigkeit ist sein Problem. Wenn wir in Wladiwostok ankommen, haben wir das Land auch noch nicht erobert. Und das bringt ihn anders zur Verzweiflung als den Kürassier Napoleons bei Caspar David Friedrich.

R. S.: Was ist mit dem GI, der als letzter aus Kabul abfliegt? Die Artillerie ist schon weg, die Digitalisierung ist abgeschaltet, die Computer sind vernichtet, aber wir starten

Caspar David Friedrich: *Der Chasseur im Walde*, 1814

noch mit 16 Flugzeugen. Der hat auch Angst, aber weder vor dem deutschen Wald noch vor den Weiten Russlands. Was fürchtet er? Die Unbestimmtheit seiner Situation. Er ist nicht mehr geschützt durch die digitale Technik oder Artillerie, er ist auch noch nicht abgeflogen und wieder im Schutz der Heimat.

A. K.: Für diese Varianten derselben Konstellation – ich stehe vor etwas, was ich nicht beherrsche, habe aber doch Helm und Säbel oder eine digitale Technik und bin eigentlich zum Beherrschen militärisch ausgebildet – müssen wir die neuen Metaphern suchen. Wahrscheinlich sind es transitionelle Metaphern, die passen müssen auf 1807, auf 1941 und auf Kabul 2022. In ihnen müssen die verschiedenen Zeiten gleichzeitig erklingen, damit die Erfahrungen vergleichbar werden. Das ist die moderne Polyphonie, die moderne Mehrstimmigkeit. Sie ist in der Sache selbst angelegt. So wie der Mikrokosmos und Makrokosmos gleichzeitig klingen, was ja in der Astronomie und in der Quantenphysik eigentlich selbstverständlich ist, wenn doch diese Wirklichkeiten interagieren. Sie sind verschränkt, wenn auch anders als in der Verschränkung von zwei Photonen.

Wir sind hier wieder bei der kugelförmigen Realität. Solche Situationen bilden einen Zusammenhang, aber zu verstehen, zu begehen und zu erleben ist es nur in der Fläche. Wenn wir solche Flächentierchen sind, ist es interessant, wenn unsere Poetik zum Beispiel das Kurzlexikon, das Quadrat-Lexikon, also das Suchbegriffe enthaltende Lexikon neu entwickelt. Traditionelle Lexika wollen alles Wissen, universal, unparteiisch zusammenfassen. Ein Lexikon neuer Art stellt z. B. alle Notausgänge aus einem Krieg zusammen, studiert alle Friedensschlüsse, die glücklich waren und grenzt sie ab von allen Friedensschlüssen, die den nächsten Krieg nur vorbereiteten.

R. S.: Aby Warburg hat das ja gemacht, wenn er sich an den Suchbegriff der »Pathosformel« hält. Und er hat dabei ordentlich »gerupft«. Denn wenn man an den Stellwänden vorbeigeht, sieht das, was da nebeneinander hängt, nicht wie ein Lexikon aus, sondern zunächst recht willkürlich.

A. K.: Es geht in Aby Warburgs *Bilderatlas Mnemosyne* um Konstellationen. Die ersten Tafeln beziehen sich auf Uruk und auf Babylon. Priester und Gelehrte lesen aus den Eingeweiden von Opfertieren und aus der Bewegung der Sterne die Zukunft. Sie studieren Ähnlichkeiten, gebrauchen Ahnungsvermögen, Erfahrung und Mimesis zur Vorhersage. Da der Nachthimmel, das Innere der Tiere, eine Kugel der Erfahrung bilden, lässt sich deuten, ob Glück oder Unglück in der nahen Zukunft warten. Das gehört zum Anfang der Ikonographie, so wie die Keilschrift die Buchhaltung begründet. Auf den zahlreichen weiteren Tafeln führen die Bildkonstellationen Aby Warburgs bis zu seinem Todesjahr, dem Jahr 1929. Ich kenne keine »Zwiesprache der Bilder« von gleicher Intensität wie diesen *Bilderatlas Mnemosyne.*

14

DAS GOLDENE KALB DER MACHT

»SCOTT STEARNEY BURNED THE MIDNIGHT OIL!«

Seine Frau hatte ihn gefunden in seinem Arbeitszimmer. Er hatte sich umgebracht. Einer seiner Adjutanten, der mit den Navy-Ärzten gesprochen hatte, die sämtlich den Tod nicht erklären konnten, hielt die Schlaflosigkeit für die Ursache des Suizids. Sein Chef habe die Kräfte, die ein Mensch aus dem Tiefschlaf vor Mitternacht und notfalls aus den »Resten an Abtauchfähigkeit in der Spätnacht« zieht, »verbrannt«. Midnight Oil. Das war der Ausdruck für den Rest an Für-sich-Sein, das ein Mensch braucht. Einer der Mediziner hatte geäußert, dass ein Schlafentzug, der länger als zwölf Wochen dauert, von sich aus zum Tod eines Menschen führe. Man habe in Guantánamo gelernt, dass konsekutiver Schlafentzug über neun Wochen, wenn er denn vollständig gelingt, einen Menschen »zertrümmert«. Hier, im Falle des Vizeadmirals, sagte der Adjutant, habe die Seele zugeschlagen, »bevor der Körper den Mann vernichten konnte«.

(Alexander Kluge: Buch der Kommentare, S. 147)

EINE PHRASE IM TWEET BRINGT BODENHAFTUNG FÜR DEN ENTSCHLUSS EINES GENERALS

James Mattis, der Verteidigungsminister der USA, kam in Eile zur Trauerfeier für Scott Stearney im Pentagon. Der Tote war sein Freund gewesen. Zurück in seinen Amtsräumen, unaufgeräumt in seinem Gemüt, traf er auf seine Pressesprecherin, die ihm einen Tweet zeigte, den Präsident Trump soeben publiziert hatte. Man sah den Präsidenten mit Blick zum Himmel. Er sprach in Syrien gefallene US-GIs an. Er tröstete sie, dort oben im Himmel. Er habe ihretwegen befohlen, alle US-Truppen aus Syrien zurückzuziehen, um wenigstens die noch lebenden Soldaten zu retten, wenn schon sie, die Kameraden dort oben, dem schrecklichen Land, so weit entfernt von den Wohnsitzen der Heimat, zum Opfer gefallen seien. Der Blick auf den Tweet brachte Mattis von der Beerdigung auf den Boden der Wirklichkeit zurück. Die Trauer der vergangenen eineinhalb Stunden legte er ab wie einen Uniformmantel. Er sagte: »O. k.« Das war der Moment, in dem er sich definitiv entschloss, als Verteidigungsminister der USA zurückzutreten. Der Rückzug aller US-Truppen aus Nordsyrien lieferte die kurdischen Verbündeten, Gefährten der US-Truppe, Besieger des IS, der türkischen Übermacht aus. »Ende der Verlässlichkeit«.

(Alexander Kluge: Buch der Kommentare, S. 140f.)

*

Rainer Stollmann: Ich erinnere mich, in der Zeitung vom Selbstmord eines hohen US-Generals gegen Ende der Regierung Trump gelesen zu haben. Man liest so etwas und vergisst es wieder. Was hat dich veranlasst, dieser Geschichte von Scott Stearney nachzugehen?

Alexander Kluge: Mich hat berührt, dass dieser Verteidigungsminister James Mattis zurücktritt aus Loyalität zu den Kurden. Sie waren Kameraden, kurdische Soldaten haben GIs das Leben gerettet, und nun lässt der Präsident sie im Stich und befiehlt den Abzug der amerikanischen Truppen aus Syrien Hals über Kopf.

R. S.: Dieses Motiv ist aber nicht öffentlich genannt worden?

A. K.: Es war nicht öffentlich. Aber ich besuche die Sicherheitskonferenz in München seit 15 Jahren und erfahre da eine ganze Menge. Bei den Militärs war die Situation an der Grenze des Prätorianer-Aufstands. Die Armee empfand die Handlungsweise des Präsidenten als Betrug. Die Kurden werden an die Türken ausgeliefert und verraten. Das hat Mattis nicht verziehen. Er hätte als Verteidigungsminister keineswegs zurücktreten müssen. Er tat es aus Verlässlichkeit. Wer mit mir gekämpft hat, wem ich mein Leben anvertrauen konnte, dem halte ich die Treue. Das gilt auch für Petraeus, den Kommandeur, der im ersten Golfkrieg mit den Kurden kooperierte. Ich habe jetzt in der Umgebung von Mattis gesucht und bin auf diesen Scott Stearney gestoßen. Dieser Mann hatte viel Kriegserfahrung, er hat Fehler begangen, von denen nur er selbst wusste. Als Oberbefehlshaber der 5. US-Flotte überwacht er die Gewässer im Nahen Osten. Dort sitzt er in einer Dauergefahr, die er nicht ausgehalten hat. Leute, mit denen ich gesprochen habe, bezeichneten ihn als virtuell depressiv. Das ist nicht psychisch depressiv, sondern bedingt durch die objektive Lage. Die Flotte hält sich in einer großen Badewanne, dem Persischen Golf, mit relativ großen Schiffen auf. Sie ist zu jeder Tages- und Nachtzeit angreifbar. Dagegen sind sie machtlos. Das verwaltet Stearney. Er kann vom Roten Meer Schiffe in den Persischen Golf rangieren oder zurück, sicherer wird die Lage dadurch nicht. Diese Summe von Indeterminationen verwaltet er als Obergeneral, als Gott. Das ist die Betrüblichkeit, Gott zu sein. Jetzt gibt's noch Ehekrisen, noch dies und jenes Problem, die zur Depressivität beitragen. Schließlich bringt er sich um.

*

EIN MANN, DER JEDE WARNUNG AUS SEINEM INNERN IGNORIERTE

Die Seele ist eine Bezeichnung für die »inneren Beweggründe«, die all unser Tun in Gang setzen. Diese Seele trieb den Vizeadmiral Scott Stearney schon ein ganzes Jahr über an, von seinem Offiziersamt zurückzutreten. Die Seele signalisierte ihre Müdigkeit. Lieber wollte sie aus dem Körper davonfliegen, als dass dieser Körper, das Nervenkostüm, seine Gesichtsmaske noch länger Dienst täten. Dann nahm dieser Mann – im Namen aller seiner Außenmauern, des Außenpanzers seines Charakters – den Posten des Oberbefehlshabers der fünften US-Flotte an. Das ist ein Verband mit etwa zwanzigtausend Leuten, die mit ihren Schiffen, Flugzeugen, Drohnen und Helikoptern den für die US-Navy riskantesten Beritt überwachen: den Persischen Golf, die Straße von Hormus, den Westen des Indischen Ozeans. Im Anschluss daran waren das Rote Meer und der Kanal von Suez zu bewachen. Gebiete voll von Unheimlichkeit. Die Schlange, die ihn zu Tode biss: die mit der Übernahme einer so riskanten Position nicht einverstandene Seele, bewegte die Motive und das Verhalten dieses Vizeadmirals schon seit Monaten in eine verhängnisvolle Richtung.

(Alexander Kluge: Buch der Kommentare, S. 146)

*

A. K.: Ein Suizid richtet den unerträglichen Druck gegen sich selbst. Die Energie, die dazu nötig ist, kann sich aber auch aggressiv nach außen wenden, die Kontrolle abwerfen und einen Krieg auslösen. Man kann eigentlich einem

Menschen ein Kriegsverhältnis nicht anvertrauen. Es dürfte eigentlich keine Generäle geben, sondern nur Generäle plus Aufseher.

R. S.: Das erinnert mich an deine Geschichte des Weltverbesserers im schottischen Schloss.

*

DIE ROLLE DER PHANTASTIK, WENN EINER MIT DEM FINGER ÜBER DIE WELTKARTE FÄHRT

Der Erbe eines mehrfachen Milliardärs, eine poetische Natur, sesshaft in einem nach seinen Vorstellungen ausgebauten Schloss in Schottland, fühlte sich dem ganzen Planeten verpflichtet. Jeden Morgen musste ein livrierter Diener vor diesem reichen Mann auftreten, während der noch an seinem kargen Ei und einem einsamen Vitamin-Mix zehrte, und ihm zurufen: »Bedenken Sie, Sir, dass Sie kein Gott sind!« So wollte dieser Erbe und Poet jedem Hochmut, der in ihm aufkäme, entgegenwirken.

Er hatte sich für sein sogenanntes KARTENZIMMER, eine Art weitläufiger Aula mit riesigen Tischen, eine vollständige Kartierung aller fünf Kontinente herstellen lassen. Für jeden Kontinent einen Tisch. Die Hochgebirge und auch die Tiefseegräben waren plastisch eingearbeitet. Mit seinem Finger und auch der ganzen Hand konnte der Poet über die Reliefs streichen. Mit Hilfe der Fingerspitzen entwickelte er ein Gespür für die Vielfalt und das Hingegossene der Strukturen. Solche Annäherung an die Realität erforderte viel Phantasie. Die Gipfel einer Kette von Sechstausendern maß der

Fingerstrich, aber nur die Vorstellungskraft verschaffte ihm die Empathie für den Gewaltmarsch der Sherpas, die – mit Atemnot – auf einem dieser Gipfel anlangten.

Im Dachgeschoss dieses DENKERISCHEN SITZES war zusätzlich eine Elektronik installiert zum Empfang der Satelliten, deren Optiken zusammengenommen die aktuelle Gesamtübersicht über beide Erdhalbkugeln bis zur einzelnen Straßenkreuzung, einer Wasserwelle, einem Feldweg oder einem Tal wiedergaben: die Summe der poetischen Technik, nach der Militär sich im Gelände bewegt und Fahrzeuge im Nebel, im Dunkeln oder bei völliger Unkenntnis der Fahrer, die Fahrstrecken ermitteln.

Wenn der Milliardärserbe auf der Tagesseite der Erde bei seinen nächtlichen Erkundungen (wie ein Astronom am Teleskop, ein Sterngucker, der sich aber nicht für Sterne, sondern für die Einzelheiten irdischer Realität interessierte: einen Maulwurf, einen Fuchsbau, ein Wohnzimmer, eine Gartenmauer) nach Objekten suchte, für die er philanthropisch tätig werden könnte, dachte er oft ungeduldig, so wie einer auf eine Droge wartet, an die Ankunft des täglichen Morgenspruches, dass er nur nicht anfangen solle, sich als Gott zu fühlen!

(Alexander Kluge: Buch der Kommentare, S. 123f.)

*

R. S.: Wieso wartet er auf dieses Memento wie »auf eine Droge«?

A. K.: Drogen haben verschiedene Wirkungen, aufputschende oder sedierende.

Du kannst zum Stoiker werden mithilfe von Drogen. Du kannst Epiktet und Seneca vollziehen, wenn du Brom nimmst. Es gibt aber noch etwas zweites. Ich weiß zwar, dass ich kein unendlicher Herrscher bin. Aber diesem Mann in Schottland wird von den Märkten zugeschrieben, dass er eine Art Gott wäre. Wenn dann irgendeiner da ist und ihm sagt: Nein, ich gewähre Absolution, du bist nicht Gott, dann kann das eine Droge sein. Eine Droge des Gleichgewichts, nicht eine Droge des Exzesses.

Unsere gesamte Innenausstattung wird realitätstüchtig gehalten durch die Einträuflung von chemischen Substanzen ins Hirn, die es beruhigen, es von den Fähigkeiten, die es universell hätte, von seinen Steigerungsmöglichkeiten abhalten. Das sind auch Drogen, so meine ich es. Drogen müssen nicht pushen.

R. S.: Das Wort Gott zielt hier auf die Verantwortung ab. Es ist eine Bürde, Gott zu sein. Nicht: wie herrlich Gott zu sein.

A. K.: Als Gott bist du im Grunde überfordert. Egal, was du als Mensch tust. Vespasian war Gottkaiser, die Kaiser waren ja alle Götter, sie waren alle überfordert. Die Prätorianer sind bedrohlich, also, dieser Gottstatus ist sehr gefährlich.

R. S.: Du sprichst von den amerikanischen Präsidenten auch wie von Kaisern.

A. K.: Aber es ist doch der Fall. Trump irrt nie, weiß alles, hat immer Recht, er führt sich doch auf wie ein Gott.

R. S.: Dass er sich krönen lässt, ist vorstellbar.

A. K.: Und Biden tut es mit seinem Mitarbeiterstab und in Form von Delegation ähnlich. Die Rolle seines Sohnes in der Ukraine, das ist reiner Lobbyismus. Also, das hat auch was von Allmacht. Die USA insgesamt haben eine ähnliche Struktur, mit den Säulen vom Capitol kommen sie ohne weiteres in Rom an. Sie wurden doch auch im 18. Jahrhundert in römischem Geiste gegründet.

Zur Funktion der Streitkräfte gehört ein Zuverlässigkeitsidol – dass ich letztlich rausgehauen würde. Wenn Kaiser Karl der Große seinen Roland aus dem Tal von Roncevaux nicht zurückholen kann, zu spät kommt, dann ist er entmachtet.

R. S.: Die Amerikaner legen immer Wert darauf, den letzten GI aus einer ausweglosen Situation zu befreien, zurückzuholen. Auch die Leichen müssen nach Hause geschafft und in Arlington begraben werden.

A. K.: Ich kleide dieses Gleichnis ja in mehrere Präsidenten. Da ist noch ein ganz Liberaler wie Al Gore. Der könnte einmal Präsident werden. Er würde, so wie Carter, mehreres verwirtschaften. Der Unterschied zwischen seinen Instinkten und der Realität ist sehr groß. Seine Unbeirrbarkeit und auch seine Idole würden auf jeden Fall in der Realität scheitern. Ich billige ihn von ganzem Herzen, ich finde ihn sympathisch. Aber ich weiß ganz genau, er würde etwas anrichten, was mindestens von Teilen der

Gesellschaft, insbesondere vom Militär, nicht verstanden würde, gerade weil er konsequent ist. Obama, den wir doch mögen, hat sich irgendwie angepasst. Aber meine Sympathien darf ich nicht verwechseln mit dem, was ich beobachte. Ich bin *independent spectator*. Wenn ein solcher radikal und moralisch gefestigter Habermasianer mit populistischem Einschlag vier Jahre regiert, danach kommt ein ganz Konservativer, der die Abtreibung unterbindet, und dann kommt noch ein Verräter, der die gewachsenen Bündnisse verrät, dann kann der Fall eintreten, dass die Streitkräfte das Weiße Haus besetzen, in dem Bewusstsein: Das dulden wir Eliten nicht.

Man kann zweifeln, ob das Militär selbst die Macht halten könnte. Denn die Macht in den USA ist sehr dezentral angelegt. Aber wenn jetzt ein Tribun wie Diocletian verstünde, einige dezentrale Machtzentren zusammenzufügen, ein bisschen Marktmacht und Beruhigung der Bevölkerung, verbunden mit Okkupation aller Machtzentren durch Personen, die Zivilkleidung tragen, dann kannst du dir ein Prätorianer-Regime oder ein Kaiserregime, einen Soldatenkaiser wie in Rom vorstellen.

*

DAS PRÄTORIANER-PROBLEM

Ein Präsident der Supermacht zeigte sich vier Jahre als Improvisierer, als wechselhafter Charakter. Er schickte Truppen in gefährliche Zonen der Welt, ließ sie dann ohne Schutz. Und hatte er eine solche Aktion in Gang gesetzt, konnte ein vorwurfsvoller Telefonanruf eines fremden Magnaten ihn verblüffen und in seinem Urteil wankend machen. Befehl zum Rückzug! Auf einem dieser Rückzüge wurde eine große Zahl von GIs getötet, vom Feind gefangen genommen, an Gliedern verstümmelt, Menschen gingen verloren. Er aber war in seinen Vorlieben und Opportunitäten längst anderswo interessiert.

Nach zwei weiteren Präsidenten, von denen einer wiedergewählt wurde, also nach zwölf Jahren, kam ein linksorientierter Tribun an die Macht, der alle Verhältnisse umkrempelte. Er hielt von Armee, Flotte, vom Raumkrieg und von Luftfahrzeugen nichts. Er hinterließ einen Schrottplatz nicht vollendeter Reformprojekte. Ihm folgte ein Präsident, der Risiken schätzte, eine Spielernatur, ein neuer Kindkaiser, religiös verhärtet, vorwärtsgetrieben von Wählern aus dem endchristlichen, eschatologischen Lager. Diese Wählerschaft rechnete mit einem Ende der Welt, es galt, der Ankunft des Jüngsten Gerichts zuzuarbeiten.

Mehrfach brachte dieser Tyrann die Supermacht an den Rand eines Krieges. Diesem Präsidenten folgte ein Zauderer, ein zivil gesinnter NICHTENTSCHEIDER – so von Militärkreisen betrachtet –, ein »Weichei«. Er war gewählt worden in Reaktion auf die Untugenden des Vorgängers. Viel Unzuverlässigkeit in den vorangegangenen politischen Zyklen. Dass dieser Präsident Entscheidungen vermied, änderte nichts daran, dass Entscheidungen stattfanden. Dies an-

gesichts der Tatsache, dass eine Supermacht aus mehr als 10000 PARTIKULARITÄTEN *besteht, die jede für sich einen Eigenwillen besitzen.*

Zum Zeitpunkt der »Herrschaft« dieses als schwach geltenden Präsidenten wirkte es sich aus, dass schon während der Herrschaft des als Erstes genannten Präsidenten, des Improvisators und Leichtfußes, des Wetterwendischen, sich eine Offiziersfronde gebildet hatte. Diese zunächst kleinen Verschwörungskreise hatten einander »militärischen Ungehorsam« gelobt. Für den Fall von nächsten unbedachten Schritten des Potentaten dachten sie daran, ihn zu behindern: Nichtbeachtung von Befehlen wurde debattiert, auch die Wegnahme des Köfferchens, mit dem ein atomarer Einsatz befohlen werden konnte. In den folgenden Jahren verbreitete sich die Verschwörung bereits auf einer längeren hierarchischen Strecke zwischen Generalsrang bis hin zu Hauptleuten, die an Schlüsselpunkten des Befehlsregimes saßen. Die Conjuratio breitete sich im Marinecorps, über die Ränge der Informatiker, über die Militärakademien, in den Seestreitkräften, in der Luftflotte und in gewissen Eliteverbänden der Landstreitkräfte aus. Innerhalb der auf Treue und Verlässlichkeit gestützten »Bünde« verstärkte sich eine Fraktion, mutierte gewissermaßen die konspirative, enttäuschte, rebellische Gruppierung hin zu einer HALTUNG GRUNDSÄTZLICHER NATUR. *Zuletzt wurde ein Präsident abgesetzt und eingesperrt. Wahlen, medial professionell vorbereitet, ergaben 90 Prozent Zustimmung zum Putsch und für den Kandidaten, den die Streitkräfte vorgeschoben hatten. Es war nicht nötig – wie im antiken Rom –, den gestürzten Zivilherrscher umzubringen. Als Privatmann hatte er in einer über dann wohl eher schon 10 Milliarden Menschen zählenden Weltbevölkerung keine bedeutende*

Macht. Nur die STRUKTUR, die Ansammlung aller bereits entstandenen Macht, vermag zu herrschen. Ein einsamer Harvard-Historiker, ein kritischer Mann, der dieses Resultat als »Prätorianer-Problem« charakterisierte, konnte sein Buch ohne Zensur publizieren. Bücher sind VIERTE NATUR – die erste ist die der Jahreszeiten, des Ackerbaus, der Städte und der einfachen Lebensläufe, die zweite ist die der Systeme der Industrie und Informationsgesellschaft und die dritte ist das GOLDENE KALB DER MACHT.

Man kann dieses Ungetüm umtanzen. Leiten, zähmen oder in seiner Richtung beeinflussen können Menschen so etwas nicht.

(Alexander Kluge: Buch der Kommentare, S. 142–144)

*

R. S.: Diese Geschichte endet pessimistisch. Das gegenwärtige Goldene Kalb ist nicht aus Gold, sondern eigentlich aus Menschen, Menschen in einem großen Apparat. Das ist so ähnlich wie bei Hobbes, wo der König und dessen Körper von Hunderttausenden von Menschen gebildet wird?

A. K.: Nun, das ist die Idee. Man ist nicht Moses und nicht mehr Aaron, sondern es gibt überhaupt keinen Anführer. Das goldene Kalb ist ein aus Menschen bestehendes Untier, das auch nicht das Spiegelbild seiner Erfinder ist und nicht gehorcht. So wie der Krieg nicht gehorcht, sind die Gesellschaften nichts, was ihren Gründern gehorcht.

Es gibt sozusagen eine menschliche Kraft, wo die Organisationsmacht aufhört. Und sie hört meines Erachtens in den dreißiger Jahren mit dem Erscheinungsbild des

Faschismus einmal auf. Die Sowjetunion und der Faschismus sind die letzten Erscheinungsformen, um noch einmal ein Staats- und Willensgebilde, ein Gemeinwesen zu erneuern. Danach sind die Gemeinwesen eigentlich Bünde, Verträge, Papiertiger. Sie leben auf Kredit, aber sie werden nicht geführt.

R. S.: Wir sehen jeden Tag Politiker auf sogenannten »Gipfeln«, EU-, G 7-, G-20-Gipfel. Infratest sollte einmal eine Umfrage machen, wer wirklich glaubt, dass die Welt von diesen Personengruppen »geführt« wird. Sie stehen dort eher wie in der Geschichte vom kleinen Prinzen und lassen sich von der Morgenröte beleuchten.

A. K.: Diese historischen Verschiebungen der Macht fordern von uns die Analyse: Wo ist die Macht inzwischen verblieben? Sie existiert und besteht aus Menschenkräften, das ist wohl sicher. Dass es eine robotische Macht geben wird, glaube ich nicht, wohl aber eine im Namen von Menschen ausgeübte und auch mit der Gewalt dessen, was sie aus sich ausgesondert haben. Die Produktionswelt und der Warenfetisch sind von Menschen gemacht und strukturieren die Informationsgesellschaft, die Nicht-Produktion ist. Bei der ist der Warenfetisch eigenartig verklausuliert; du kannst gar nicht mehr sagen, was die Ware ist.

R. S.: Aufmerksamkeit bekommt Warencharakter.

A. K.: … die Lebenszeit plötzlich. Das ist Naturalwirtschaft, aber eine sehr vertrackte Form von Naturalwirtschaft, denn du kannst sie nicht beherrschen. Du kannst nicht sagen, ich tausche nicht mit Google, ich entziehe Google meine Aufmerksamkeit. Das würde Google nicht stören. Du müsstest bewirken, dass alle das tun. Dafür gibt es keinen Mechanismus mehr. Anders gesagt: Gesamtarbeiter / Warenfetisch / Ware – wenn Lebenszeit bzw. Aufmerksamkeit der Tauschwert ist, so wie wir hier kostenlos digital kommunizieren, das ist ja im Grunde alles einmal transponiert, weggewandert aus seinem ursprünglichen Ort, aber zweifellos noch da. Die analytischen Kategorien gelten, aber man muss etwas anderes suchen als zum Beispiel den Stahlarbeiter. Denn der wird es nicht sein, der die Weltgeschicke entscheidet. Weder wenn er streikt, noch wenn er nicht streikt. Weder, wenn er da ist, noch wenn er nicht da ist. Das sind ganz elementare Verwandlungen, bei der wir alles Poetische, alle Metaphern, alle Einsichten, alle Analysen, alle Begriffe wieder verwenden können. Sie bringen aber andere Ergebnisse hervor. Der Warenfetisch ist eine geniale Metapher für das, was vom Menschen eingefügt ist an Arbeitskraft, ihm entfremdet und ihm entgegen leuchtet als Seelenlicht der Ware. Das ist ein kühnes Bild und bei Marx ganz nüchtern bezeichnet als »theologische Mucke«.

R. S.: Heute stecken wir ja in einer inflationären Bilderwelt des Warenfetisch. Der Umgang damit ist Alltagspraxis. Bei Marx spielte Reklame noch eine zwergenhafte Rolle, Warenhäuser waren gerade erst erfunden.

A. K.: Wir müssen im Grunde diese Begriffe neu beleuchten. Sie sind extrem illuminativ, also lichtvoll. Das sind die eigentlichen poetischen Arbeiten, die wir leisten müssen. Was ist der Warenfetisch in seiner Ambiguität? Die Big Five von Silicon Valley versuchen, die Sirenen zu sein im Zeitalter ihrer technischen Reproduzierbarkeit.

Sirenen, Räuber der Seele werden unsere Wünsche eher verstehen, als wir sie bilden und von unserer Subjektivität mehr in Erfahrung gebracht haben, als wir selber so schnell versammeln an einem Nachmittag, wenn wir hier reden. Was sollen wir dagegen tun? Den Gefährten wieder die Ohren verstopfen? Das wäre doch ein falsches Rezept. Sollen wir uns an den Mastbaum fesseln? Von welchem Schiff? Wir würden also nicht so wie Odysseus gegen den neuen Mythos vorgehen können. Ich behaupte, wir müssten ganz elementar ans Ende der Kette des Mythos gehen, wo Odysseus nach Hause kommt. Er hatte vor 20 Jahren in den Stamm eines Olivenbaums sein Ehebett gezimmert und darüber das Schlafzimmer gemauert. Das weiß außer ihm und Penelope niemand. Sie argwöhnt, es könne ein Hochstapler sein, wenn sich doch Odysseus 20 Jahre lang nicht gemeldet hat. Aber als er von diesem Geheimnis des Bettes erzählt, weiß sie, dass es Odysseus sein muss. Wobei der emotionale Unterton wohl noch wichtiger ist als das bloße Wissen. Diese Szene steht im Gegensatz zu: Ich fessele mich an den Mastbaum, stopfe den Gefährten die Ohren zu und folge dem Ruf der Sirenen nicht. Die Götter halten die Nacht an, damit Odysseus und Penelope ungestört bleiben. Ich glaube, eine ganze Woche lang ist notwendig, dass er alles erzählt, was er in den zwanzig Jahren erlebt hat, und auch Penelope muss ihm erzählen.

Ein wunderbares Geheimnis
War an dem künstlichen Bett; und ich selber baut' es, kein andrer!
Innerhalb des Gehegs war ein weitumschattender Ölbaum,
Stark und blühendes Wuchses; der Stamm glich Säulen an Dicke.
Rings um diesen erbaut' ich von dichtgeordneten Steinen
Unser Ehegemach, und wölbte die obere Decke,
Und verschloß die Pforte mit festeinfugenden Flügeln.
Hierauf kappt' ich die Äste des weitumschattenden Ölbaums,
Und behaute den Stamm an der Wurzel, glättet' ihn ringsum
Künstlich und schön mit dem Erz, und nach dem Maße der Richtschnur;
Schnitzt' ihn zum Fuße des Bettes, und bohrt' ihn rings mit dem Bohrer,
Fügete Bohlen daran, und baute das zierliche Bette,
Welches mit Gold und Silber und Elfenbeine geschmückt war;
Und durchzog es mit Riemen von purpurfarbener Stierhaut.
Dies Wahrzeichen sag' ich dir also. Aber ich weiß nicht,
Frau, ob es noch so ist, wie vormals; oder ob jemand
Schon den Fuß von der Wurzel gehaun, und das Bette versetzt hat.
Also sprach er. Der Fürstin erzitterten Herz und Kniee,
Als sie die Zeichen erkannte, die ihr Odysseus verkündet:
Weinend lief sie hinzu, und fiel mit offenen Armen
Ihrem Gemahl um den Hals, und küßte sein Antlitz …

(Odyssee, 24. Gesang, Vers 188–208, Übersetzung Heinrich Voss)

»Heimkehr des Odysseus«

NACHBEMERKUNG

Alexander Kluge: Mich verbindet mit Rainer Stollmann unser gemeinsames Interesse am PRINZIP MÜNDLICHKEIT. Wir halten sie für eine Basis der Literatur, auch wenn die vorwiegend in Büchern stattfindet. Seine Wurzeln hat das Erzählen in der Mündlichkeit und dem Dialog. Kein Kind wird schriftlich oder digital seine ersten Worte lernen.

Zugleich verdanke ich Rainer Stollmann meine Einführung in das FORMAT DER GROTESKE. Das ist die Redeweise von François Rabelais und Till Eulenspiegel, keine akademische Ausdrucksform.

Die »übertrumpfende Rede« hat ihre Wurzeln in 6.000 Jahren agrarischer Vorzeit. In der Woche gilt das Wetter, die harte Arbeit, die Tücken von Acker, Tier und Zwingherrn, somit die REALITÄT. Am Samstag aber wird getafelt, wild geredet. Einer setzt auf die Worte des Anderen eins drauf. Subversiv entsteht aus allen diesen Dissonanzen ein Einvernehmen, ein Subtext, der die verbogenen Verhältnisse der Woche mit allen Mitteln der Phantastik richtigstellt. Beide forschen wir, nicht nur in diesem Text, nach diesem plebejischen Format. Es gilt im frühen Film und genauso an den Theken von Mülheim oder Halberstadt, meiner Vaterstadt.

Alexander Kluge ist als Autor, Filmemacher und als Theoretiker einer der wichtigsten Intellektuellen in Deutschland. Er erhielt den Georg Büchner Preis und den Th. W. Adorno Preis und dreimal den Löwen der Mostra Internazionale d'Arte Cinematografica Venedig. Mit Oskar Negt knüpfte er in *Geschichte und Eigensinn* und *Öffentlichkeit und Erfahrung* an die Theorien der Frankfurter Kritischen Theorie an und an die *Dialektik der Aufklärung* von Horkheimer und Adorno. 2024 publizierte er auf den Internationalen Filmfestspielen in Rotterdam seinen neuesten abendfüllenden Film *Cosmic Miniatures*. Jüngste Publikationen sind *Befreit die Tatsachen von der menschlichen Gleichgültigkeit* (mit Stefan Aust, 2023) und *Der Konjunktiv der Bilder. Meine »virtuelle Kamera«* (2024).

Prof. Dr. Rainer Stollmann ist Kulturwissenschaftler und hat u. a. über die Natur und Kultur des Lachens geforscht. Er ist Mitbegründer des Studiengangs Kulturwissenschaft an der Universität Bremen, wo er bis 2012 lehrte. Im Kulturverlag Kadmos sind zwei Gesprächsbände mit Alexander Kluge erschienen, dessen Arbeit ein weiterer Schwerpunkt von Rainer Stollmanns Forschung ist.

Bibliografische Information der Deutschen Nationalbibliothek

Die Deutsche Nationalbibliothek verzeichnet diese Publikation in der Deutschen Nationalbibliografie; detaillierte bibliografische Daten sind im Internet über <http://dnb.d-nb.de> abrufbar.

Internet: www.kulturverlag-kadmos.de
Umschlagabbildung: Caspar David Friedrich: Der Chasseur im Walde, 1814
Gestaltung und Satz: readymade, Berlin
Druck: Beltz Graphische Betriebe
Printed in Germany
ISBN: 978-3-86599-583-4